Cristianismo y posmodernidad

La rebelión de los Santos

Lucas Magnin

www.clie.es

EDITORIAL CLIE
C/ Ferrocarril, 8
08232 VILADECAVALLS
(Barcelona) ESPAÑA
E-mail: clie@clie.es
http://www.clie.es

© 2018 por Lucas Magnin

«Cualquier forma de reproducción, distribución, comunicación pública o transformación de esta obra solo puede ser realizada con la autorización de sus titulares, salvo excepción prevista por la ley. Diríjase a CEDRO (Centro Español de Derechos Reprográficos) si necesita fotocopiar o escanear algún fragmento de esta obra (www.conlicencia.com; 917 021 970 / 932 720 447)».

© 2018 por Editorial CLIE, para esta edicion en castellano

CRISTIANISMO Y POSMODERNIDAD
ISBN: 978-84-8267-701-9
Depósito Legal: B 24747-2018
Vida cristiana
Temas sociales
Referencia: 225080

Impreso en USA / *Printed in USA*

Sobre el autor

LUCAS MAGNIN nació en 1985 en el interior de la provincia de Córdoba, Argentina. Es compositor, músico y cantante, productor musical, escritor, conferencista y gestor cultural. Es, además, Doctor en Ciencias de la Comunicación y Licenciado en Letras Modernas. Como solista, ha publicado dos discos: *Inocencia* (2012) y *Experiencia* (2015).

Después de haber liderado varios proyectos musicales, emprendió una carrera solista en el año 2010. Fue el ganador argentino de la Batalla de Bandas más grande del mundo (organizada por el Hard Rock Café Internacional en el año 2013). Abrió los conciertos de artistas internacionales como Eros Ramazzotti, Ricardo Montaner, David Bisbal, Luis Fonsi y Américo. Como escritor, Lucas ha publicado artículos, poemas y cuentos en antologías y revistas académicas. Su primer libro, el poemario FERVORES Y VESTIGIOS, fue publicado en el año 2012. A fines del 2016 publicó el libro ARTE Y FE. UN CAMINO DE RECONCILIACIÓN, con prólogo de René Padilla, en el que desarrolla (a partir de un recorrido por la historia del arte, por la Biblia, y su propia experiencia), algunas claves para pensar el diálogo espiritual que existe entre el arte y la fe. Actualmente Lucas vive en Córdoba (Argentina) y, entre otras cosas, está casado con Almendra, participa de la Comunidad Aviva, sigue dando conciertos, está escribiendo su próximo libro, da clases de Literatura, traduce y corrige textos, coordina un Club de lectura, participa de un equipo de investigación de Literatura Argentina.

Sabes, sabemos,
cada día sabemos,
durmiendo conocemos:
ya es imposible
cubrirnos las orejas
con el cielo.

Pablo Neruda

Y deberás luchar
si quieres descubrir la fe.

Luis Alberto Spinetta

Entonces me di cuenta de lo amargado y lastimado que estaba por todo lo que había visto. Vi lo necio e ignorante que era; a ti, Dios, debo de parecerte una bestia. Pero yo siempre estoy contigo, pues tú sostienes mi mano derecha. Seguirás guiándome toda mi vida con tu sabiduría y consejo; y después me recibirás en la gloria.

¿A quién tengo yo en el cielo sino a ti? Y en la tierra nada deseo fuera de ti. La salud me puede fallar, mi espíritu puede debilitarse, ¡pero Dios permanece! ¡Él es la fuerza de mi corazón; él es mío para siempre!

Salmo 73:21-26

A menos que se indique lo contrario, todas las citas bíblicas están tomadas de la Nueva Traducción Viviente (NTV): Editorial Tyndale, 2008. También son citadas la Reina Valera Contemporánea (RVC), la Reina Valera 1960 (RVR1960), la Nueva Biblia al Día (NBD), La Palabra (BLP), la Dios Habla Hoy (DHH), la Palabra de Dios para Todos (PDT), la Traducción en Lenguaje Actual (TLA) y la Nueva Versión Internacional (NVI).

ÍNDICE GENERAL

Prefacio.. 15
Prólogo por Alfonso Ropero 19

- **¿QUÉ RAYOS ESTÁ PASANDO?**.. 23
  Modernidad, posmodernidad y desafíos actuales
  de la iglesia 23

  1) Vamos desde el principio: ¿Qué es la
     modernidad? 25

     Libertad para pensar: el ideal de la razón 25
     Libertad para elegir: el ideal de la democracia............. 26
     Libertad para hacer: el ideal del capitalismo 26
     Los grandes relatos y la teología moderna................... 27

  2) El cautiverio cultural de la iglesia en la
     modernidad 27
  3) La decepción de las utopías y ¿el fin de la
     historia? 29
  4) ¿Es posible una iglesia «posmoderna»? 30

- **EL PROBLEMA DE LOS ANTEOJOS** 33
  Cosmovisión, conocimiento y subjetividad en la
  posmodernidad 33

- **LA PREGUNTA ETERNA** 39
  Proyecciones y espejismos en la búsqueda de Dios........... 39

- **YOUR OWN PERSONAL JESUS** 45
  Los múltiples rostros de Cristo: un desafío para
  la iglesia... 45

- **AL CÉSAR LO QUE ES DE DIOS** 51
  Mecanismos de poder y estrategias teológicas
  de legitimación 51

- **ABRACADABRA** 57
  Cuando el nombre de Dios se usa como un
  artilugio mágico 57

- **CALLES DE ORO** 61
  La esperanza eterna y el filtro de la subjetividad 61

- **LA REVELACIÓN COMPLETA** 69
  Muchos senderos para recorrer un solo camino 69

- **MARGINADOS** 77
  Iglesia y acepción de personas: el caso de
  las mujeres 77

- **EL PODER DE LAS PALABRAS** 85
  Babel y Pentecostés: el regalo de la multiplicidad 85

- **QUE SEAN UNO** 91
  La unidad de la iglesia entre el monólogo y
  el diálogo 91

- **GRAMÁTICAS DE LA IGLESIA** 97
  Costumbres y tradiciones ante el desafío de
  los cambios 97

- **LAS MODAS DE LA IGLESIA** 103
  Exigencias del Espíritu de la época y obediencia
  a Cristo 103

- **«…Y DIO DONES A SU PUEBLO»** 109
  Formas alternativas de pensar los dones y carismas
  de la iglesia 109

- **CULTOCENTRISMO** 117
  La liturgia de la iglesia hoy y el testimonio de
  los primeros cristianos 117

- **PASTORCENTRISMO** 125
  Un modelo problemático para los tiempos que corren 125

- **HIJOS DEL CREADOR QUE DESCANSA** 133
  La herencia del sueño americano y la promesa bíblica
  del reposo 133

- **LOS FARISEOS NUNCA MUEREN** 141
  La puja entre conservadores y progresistas por el
  futuro de la iglesia 141

- **HEGEMONÍA Y PARADOJA** 151
  La creatividad del Evangelio de Jesús ante el imperio
  del sentido común 151

- **PASAR LA ANTORCHA** 157
  Pablo y Timoteo: un ejemplo para pensar el relevo
  generacional 157

- **ELOGIO DE LA HUMILLACIÓN** 165
  Oprobio y misión en la historia de Israel y la iglesia 165

- **INSTITUCIÓN Y CARISMA** 171
  La iglesia de hoy ante la crisis, la autonomía
  individual y la comunidad 171

- **UNA ÉTICA PARA PECADORES** 177
  La tensión entre el amor, la verdad y la santidad
  de la iglesia 177

- **EL ÚLTIMO REFUGIO DE LA FE** 183
  Testimonio cristiano en la era de la relatividad 183

- **BIBLIOGRAFÍA** 189

Prefacio

Parece mentira que la Reforma Protestante ya cumplió sus primeros 500 años. Parece mentira que en unos años la iglesia cumple dos milenios. Veinte siglos de historia y de marcas en el rostro de un Cristo tan predicado y abofeteado, tan exaltado y bastardeado, que resulta difícil poder mirar con inocencia. Cada época necesita entenderse como parte del tiempo, insertarse en el fluir de la historia. Cada discípulo se ha visto convocado por la tarea de mantener vivo el legado de Cristo, de encontrar las palabras fugaces que hagan justicia a un mensaje eterno.

Este puñado de ideas, tan ajenas y tan mías, han acompañado mi vida de fe en los últimos años. Lo que acá tiene forma de letras, de oraciones barrocas y párrafos extravagantes ha sido el inagotable asunto de trasnoches entre amigos y debates en comunidad. Es la bitácora de mi viaje con Jesús en este milenio recién parido, en este mundo inestable. Los ensayos de este libro, escrito hace siete u ocho años, son un producto híbrido, nacido del encuentro liberador entre teología y arte, sociología, literatura, filosofía y psicología, historia de la cultura y de las ideas, epistemología y otras yerbas; todo esto mezclado en la máquina imperfecta que son mis ojos, en esta mente que aún no ha sido redimida del todo. Este compilado irreverente de influencias es testigo de que la reconciliación de Cristo con el mundo es un proceso tan hondo e interminable que no deja nada afuera.

Es un libro frágil y fragmentario, hijo legítimo de la fugacidad, el vértigo informático y la virtualidad. Es como una molotov: quiere arder rápido. Por eso evita el detalle y cae a veces en generalizaciones fáciles de criticar. Esto es evidente, por ejemplo, cada vez que hablo de la iglesia. Esa palabra no encierra algo muy específico; es en realidad un nombre con el que mencionamos una enorme cantidad de situaciones, de contextos y procesos complejos. Es probable que, al hacer ese recorte, algunas de mis interpretaciones no tengan mucho que ver con la experiencia de fe de todos mis lectores. Creo, sin embargo, que muchos de los procesos aquí nombrados son parte del presente y futuro de la iglesia, al menos en las sociedades urbanas y occidentales (que son, a fin de cuentas, las únicas que conozco un poco). Hablar de iglesia, hablar de cualquier cosa en realidad, siempre es una actividad limitada por nuestro bagaje: lo que aprendimos, lo que nos rodea. Esa debilidad, durante tanto tiempo rechazada, es también una forma de humildad: nadie puede abarcar todo el mundo con sus dedos.

Más que una *Summa Teologica* que explique todo sin fisuras, estos ensayos quieren ser un puntapié al diálogo, al encuentro, al desafío de mirarnos la cara en el espejo y verla llena de arrugas. No se me ofendan, queridos lectores, queridas lectoras, y tampoco se avergüencen; yo mismo, antes que nadie, me ofendo y me avergüenzo de mi propio rostro. Y por favor: no piensen que esto es un ataque a la fe o un acto malintencionado. Comparto estas ideas con la esperanza de que estimulen la reforma mientras seguimos clamando: «que venga tu Reino». Las comparto también con temor y temblor; ruego que el Señor me libre de hacer tropezar a uno de mis hermanos o hermanas. Por todas estas cosas, las siguientes páginas van a quedarse a mitad de camino entre un *mea culpa* y una *marcha de la bronca*, van a ser un poco *Confesiones* y un poco *Manifiesto*.

Durante mucho tiempo tuvimos la convicción de estar diciendo y pensando una misma cosa. Creímos que eso era *la unidad de la fe*. Creímos que podíamos acorralar las divergencias con una profunda devoción o con ciertas fórmulas. Pero ya no podemos hacerlo. Debemos enfrentarnos a la conciencia de saber que todo entendimiento es frágil y todo reduccionismo es peligroso. La vida *en un mismo espíritu* se manifiesta hoy como algo mucho más complejo que un canto unánime.

Nos toca presenciar de cerca la debacle de instituciones, ideas, personalidades y proyectos. Los grandes relatos que dieron coherencia y sentido al mundo por siglos se están cayendo a pedazos. La posmodernidad vino para desestabilizar buena parte de las soluciones que funcionaron para nuestros antecesores; hoy sus respuestas ya no resultan tan útiles para entender el mundo que nos rodea. Lo que aprendimos sobre Jesús y su Buena Noticia para la humanidad tiene que enfrentarse a diario con la globalización, la deconstrucción, el relativismo cultural, la omnipresencia de Internet y las nuevas tecnologías, el neoliberalismo, la desconfianza generalizada en las instituciones, las teorías poscoloniales y de género, la diversidad de los modelos de familia y Estado, etc.

Podemos ignorar estas realidades, claro está; podemos negar la validez de estos procesos históricos y considerar que toda esta tendencia de la sociedad es nada más que una moda pecaminosa y de mal gusto, fomentada por el ateísmo, la comunidad LGBT o el nuevo orden mundial. Podemos hacer como que no vemos, podemos ignorar los escombros que nos rodean y convencernos de que se puede seguir siendo aquel *pequeño pueblo muy feliz*. Esto es casi como decir: el cristianismo es incompatible con nuestra era.

Podemos también pasarnos a la vereda opuesta y claudicar ante la presión: aceptar sin filtros ni críticas el paradigma actual, incluso si eso significa aguar el Evangelio, robarle algunas de sus verdades fundamentales y ponerlas al servicio del espíritu de la época. Sin embargo, esa es justamente la crítica que hacemos a nuestros antepasados: que la iglesia aceptó acríticamente las filosofías y modas de su entorno y, cuando el barco empezó a hundirse, la iglesia se hundió también en el naufragio.

El cubano José Martí escribió: «No se echan abajo veinte siglo sin que ofusque algún tiempo nuestros ojos el polvo de las ruinas»[1]. Una tercera opción es lidiar con el polvo de las ruinas y enfrentar con coraje y humildad el panorama desolador. Esto implica un doble compromiso: con Cristo, quien es Señor de la historia, y con la historia misma, en la que Cristo decidió encarnarse. Es animarse a perseguir la voz de Jesús por terrenos desconocidos y repensar nuestras creencias y explicaciones, arremangarse las ideas, buscar la pala y la carretilla, pedir perdón, aceptar perdón, reconstruir. Es animarse también a darle entidad a las preguntas de nuestros contemporáneos, a considerar que Jesús no va a nacer entre nosotros si no le permitimos dialogar, como Él hizo en su tiempo, con nuestra realidad inmediata. En última instancia, no obstante, llevar el rótulo de «cristiano» o «cristiana» es elegir a Cristo sobre todas las cosas; seguir llamando «Señor» a Jesús implica considerar que su palabra, incluso cuando nos pone incómodos, es más potente que el peso de la historia.

La iglesia es la heredera del pescador. Todo nuestro peregrinaje está simbolizado en esas dos escenas de los evangelios: el reconocimiento y la negación. Por gracia de Dios, nos unimos a Pedro en la afirmación más grande de todas: que Jesús es el Hijo del Dios viviente. Por cobardía, nos unimos a Pedro y seguimos diciendo «yo no conozco a ese hombre». La iglesia reconoce y niega, afirma y traiciona, acepta y rechaza. Veinte siglos de historia son testigos de esa dualidad. Estas páginas humildes son también testimonio de mi batalla ante esas dos posibilidades.

Córdoba, Argentina
12 de noviembre de 2017

---

1. «Cuaderno n. 8», MARTÍ 1963, vol. XXI, p. 243.

Prólogo

La literatura evangélica lleva décadas, por no decir siglos, casi dominadas por los mismos autores y colonizada por las mismas dinámicas de autores de éxito en sus respectivos países, con la aparición de muy pocos libros originales, rompedores, novedosos. Afortunadamente, en los últimos años están surgiendo autores jóvenes, bien preparados, con larga experiencia eclesial y con unas ganas tremendas de devolver la vida al viejo mensaje evangélico, que a fuerza de familiaridad con el mismo se ha domesticado y atenazado en rígidos moldes aparentemente bíblicos, pero que no son otra cosa que tradiciones humanas. En muchas comunidades cristianas, el evangelio ya no confronta, simplemente consuela, o lo que es peor, adormece la conciencia y la vida de los fieles. En lugar de ser levadura que leuda la masa, es masa que oculta la levadura para evitar cambios y sobresaltos.

Nuestro autor, Lucas Magnin, es uno de esos autores jóvenes que, habiendo bebido del vino nuevo de Jesús, a la vez que manteniendo un estrecho contacto con la cultura moderna, piensan que ya nada puede quedar igual, excepto la singularidad de Jesús y la relevancia actual de su mensaje. Cada época, escribe en el "Prefacio" de este libro, necesita entenderse como parte del tiempo, insertarse en el fluir de la historia. "Cada discípulo se ha visto convocado por la tarea de mantener vivo el legado de Cristo, de encontrar las palabras fugaces que hagan justicia a un mensaje eterno". Este es precisamente el reto y tarea que propone a lo largo de unas páginas repletas de sabiduría y fecundas en ideas, sugerencias y proposiciones.

Lucas Magnin nos habla de teología y arte, de sociología y literatura, de filosofía y psicología, de historia de la cultura y de las ideas, de espiritualidad y psicología, todo ello con un estilo desenvuelto y bien argumentado, haciéndose eco de pensadores que han moldeado la sociedad moderna. Lucas se atreve con temas tan heterogéneos espoleado por el espíritu de reconciliación que Cristo ha introducido en la historia y nos remite al mundo con vistas a su redención. No en vano Él es el Gran Reconciliador. "Y todo esto procede de Dios, quien nos reconcilió consigo mismo por medio de Cristo, y nos dio el ministerio de la reconciliación" (2 Co 5:18). Cristo es el *Pleroma* de Dios, mediante el cual ha reconciliado "todas las cosas consigo, habiendo hecho la paz por medio de la sangre de su cruz, por medio de Él, ya sea las que están en la tierra o las que están en los cielos" (Col 1:20). Nada en este universo queda fuera de la reconciliación de Cristo. Este es el acicate del cristiano para ir al mundo con valentía y confianza, pues Cristo es cabeza del cosmos, todo se refiere a él (Ef 1:10,22). A Cristo, Alfa y Omega de la Creación, se refieren todas las realidades creadas, la misma historia; por consiguiente, nada de cuanto pertenece a la realidad cósmico-humana, cultura, arte, política, economía, es extraño a la misión cristiana que anuncia la reconciliación de todo lo que ahora vemos irreconciliable. Esta aparente imposibilidad se hace posible en Cristo. El apóstol Pablo está entusiasmado con esta idea. Para él, el mensaje de salvación es esencialmente un mensaje de reconciliación, que se consuma en la gran recapitulación de todas las cosas en Cristo (Ef 1:9). Ese es el incentivo que le lleva a romper muros y saltar fronteras con la buena noticia de Cristo. Pocas veces lo vemos a la defensiva, retirándose del mundo como de una masa de perdición. Al contrario, Pablo sale a su encuentro para abrazarlo con la fe de Cristo. Frente a posturas partidistas, divisorias, él pone a la vista de los fieles las riquezas inconmensurables de Cristo, y les recuerda que estas les pertenecen. "Sea el mundo, sea la vida, sea la muerte, sea lo presente, sea lo por venir, todo es vuestro, y vosotros de Cristo, y Cristo de Dios" (1 Co. 3:22-23).

Esta ha sido la esperanza de los creyentes de todas las épocas, el corazón que les ha movido a realizar grandes cosas por Dios. Decía Ireneo de Lyon en el temprano siglo II: "Dios ha recapitulado en sí todas las cosas para que el Verbo de Dios, como tiene la preeminencia sobre los seres supracelestes, espirituales e invisibles, del mismo modo la tenga sobre los seres visibles y corporales; y para que, asumiendo en sí esta preeminencia y poniéndose como cabeza de la Iglesia, pueda atraer a sí todas las cosas" (*Adversus haereses*, III, 16, 6). Si todo confluye en Cristo, el cristiano, antes de condenar al mundo, sus proyectos, sus sueños, sus planteamientos, debe comprenderlos para así poder salvarlos, es decir integrarlos en la realidad superior de la gracia, comenzando por la reconciliación que nos perdona y nos da un nuevo corazón y una nueva mente. Al mismo tiempo, como nos alerta nuestro autor, debemos vigilar siempre para que las corrientes del mundo-tiempo en el que inevitablemente estamos inmersos no nos arrastren hasta el punto de negar nuestra vocación en Cristo. "A lo largo de la historia —nos recuerda—, la iglesia se ha inclinado repetidas veces a pintar una imagen de Jesús que armoniza directamente con el espíritu de su época, que se amolda al *statu quo* y no cuestiona en profundidad el contexto social, político y económico".

Jesús, nos dice magistralmente Magnin, "fue un personaje totalmente *sui generis*, un potro salvaje imposible de domesticar, un Mesías incómodo y periférico. Ningún grupo, secta o partido podía contarlo entre sus filas. Para la ideología hegemónica de sus días, el nazareno oscilaba entre la genialidad y la locura. Aunque muchos han querido asimilar la figura de Cristo a sus propias causas desde entonces, algo en Él se resiste a los moldes, no permite que las hegemonías lo asimilen por completo. Me gusta llamar paradójica a esa cualidad del Señor; es la que hace coexistir una naturaleza completamente humana con una completamente divina, es la que predica un rey con corona de espinas, es la que da el Reino de Dios a los niños y la que promete la vida a aquellos que están dispuestos a perderla".

De todo esto y mucho más nos habla Lucas Magnin en este libro, obligándonos a pensar nuestra fe con seriedad, a confrontarnos a nosotros mismos con el evangelio que profesamos, para no caer en deformaciones profesionales. Nos recuerda que "en la autenticidad de los primeros discípulos descubrimos nuestras raíces y el rumbo que la iglesia de hoy ha perdido". Una obra, en resumen, altamente recomendable.

Alfonso Ropero, Ph.D.

Profesor de Historia de la Filosofía en el Centro de Investigaciones Bíblicas (CEIBI) y de Teología Espiritual en la Facultad Teológica Cristiana Reformada (FTCR).

¿QUÉ RAYOS ESTÁ PASANDO?
Modernidad, posmodernidad y desafíos actuales de la iglesia

> *Todo lo sólido se desvanece en el aire; todo lo sagrado es profanado, y los hombres al fin se ven forzados a considerar serenamente sus condiciones de existencia y sus relaciones recíprocas.*
>
> *Karl Marx*

«Nuestro mundo acaba de encontrar otro»; así describía Michel de Montaigne, en pleno siglo XVI, el sentimiento de vértigo que le producía ser parte de la generación que descubrió América, que inició la Reforma protestante, que pintó la Capilla Sixtina y se dio cuenta de que, en realidad, era la tierra la que giraba alrededor del sol. El eje que había sostenido a la sociedad medieval por siglos de pronto se resquebrajó; es, recuperando la expresión de Paul Hazard, un tiempo de crisis para la conciencia europea. Copérnico y Galileo cambiaron la concepción del universo; dejamos de ser el centro del cosmos para darnos cuenta de que en verdad somos un pequeño planeta a la deriva entre galaxias, estrellas y constelaciones. Los reformadores se dieron cuenta de que el catolicismo romano no era la única forma de entender el mensaje del Evangelio; su actitud de protesta no solo tuvo repercusiones religiosas, sino que también hizo temblar el mapa político de toda Europa. Muchos gobernantes aprovecharon el impulso de la Reforma para cuestionar el poder de los emperadores y la injerencia del Papa en las decisiones locales; este fue uno de los gérmenes que llevaron a la organización política mediante naciones con identidad cultural y étnica propias. Erasmo de Róterdam, Giordano Bruno, Pico della Mirandola y otros humanistas redescubrieron el legado de los griegos y los romanos; al leer sus códices, se dieron cuenta de que la forma de ver el mundo de esas civilizaciones antiguas era muy diferente de la de su tiempo. Los artistas de toda Europa, siguiendo el ejemplo de los italianos, empezaron a descubrir que todos percibimos la realidad de maneras diferentes; por eso comenzaron a definir con más conciencia lo que entraba o no entraba en sus obras. Esta emancipación de la conciencia se tradujo en la práctica de los artistas principalmente de dos formas: en el uso de la perspectiva –que subraya la particular visión del mundo que tiene el pintor– y en la incorporación de la firma del artista –que no sirve únicamente para diferenciar unas obras de otras, sino que otorga prestigio a quien las posee–.

Es difícil hacer justicia al gigantesco cambio que significó el fin de la sociedad feudal y la Edad Media en un puñado de frases. No intento ofrecer un relato detallado pero sí, quizá, una aproximación: así de profunda es la crisis que atraviesa nuestra cosmovisión hoy.

Hablar de posmodernidad es algo común desde hace tiempo y, sin embargo, nos sigue costando ponerle palabras más allá de una especie de sentimiento de desencanto de lo anterior e incerteza sobre lo que vendrá. Diferentes autores llaman a este sentimiento de distintas maneras: Lipovetski lo denomina *hipermodernidad* o *nueva modernidad*; Bauman lo llama *modernidad líquida*; Beck lo describe como una *segunda modernidad*. Fue Jean-François Lyotard quien puso de moda la palabra *posmodernidad*, y es el término más difundido para hablar de este fenómeno complejo. Incluso es necesario aclarar que la idea de base sobre la que todos estos autores trabajan (la modernidad) surge de una forma de ver el mundo eurocéntrica. Por eso, algunos autores no europeos han hecho propuestas alternativas usando categorías que transmiten mejor las problemáticas latinoamericanas, africanas o asiáticas; así surgieron esfuerzos como la *teoría poscolonial*, el *pensamiento decolonial*, la *modernidad periférica*, etc.

En estos ensayos, y solo por una cuestión de comodidad, voy a usar la noción de *posmodernidad* que propuso Lyotard, aunque antes deba hacer una aclaración (que tomo prestada de Timothy Keller). Es cierto que la posmodernidad rompe con algunos elementos modernos pero también es cierto que profundiza otros; es, en algún punto, ruptura pero quizá, en sus elementos más importantes, continuidad.

> Estrictamente hablando, es quizá más acertado decir que ahora vivimos en un clima de modernidad tardía, puesto que el principio básico de la modernidad fue la autonomía del individuo y la libertad personal por encima de las exigencias de la tradición, la religión, la familia y la comunidad. Esto es, en verdad, lo que tenemos hoy [...] [pero] intensificado[2].

El recorrido que estamos por emprender en este primer ensayo es el más teórico del libro pero es también el que sienta las bases para el resto del camino. Así que no se asusten, estimados lectores, y sin más preámbulo...

---

2. KELLER 2012.

1) Vamos desde el principio: ¿Qué es la modernidad?

La modernidad fue una de las grandes utopías de la sociedad occidental, comparable a proyectos anteriores como la Europa cristiana del medioevo o el extenso Imperio Romano. Si hoy hablamos de *posmoderno*, señala Gianni Vattimo, es porque «consideramos que, en algunos de sus aspectos esenciales, la modernidad ha concluido»[3]. La modernidad forjó grandes ideales que apuntaban a una nueva era de evolución, equilibrio y plenitud. El lema de la Revolución Francesa resume bien estos anhelos: *Libertad, Igualdad, Fraternidad*. Posmodernidad significa que ya no creemos en esas utopías, a las que Lyotard denomina *grandes relatos* o *metarrelatos*. Nos hemos vuelto incrédulos a «aquellos proyectos de la modernidad cuya finalidad era legitimar, dar unidad, fundamentar las instituciones, las prácticas sociales y políticas, las legislaciones, las éticas y las maneras de pensar»[4]. Estos grandes relatos forjaron una cosmovisión que dio sentido y forma a la sociedad occidental durante siglos. Describir las ideas de todo ese período es algo imposible pero hay algunos procesos clave en la historia que resumen ese espíritu y que contribuyeron en gran manera a la consolidación del espíritu moderno: la Razón, la democracia y el capitalismo.

Libertad para pensar: el ideal de la razón

Aunque el germen de la modernidad ya se encuentra presente en la filosofía del humanismo del siglo XVI y en los pensadores de la era de la razón del siglo XVII, fue la Ilustración, un movimiento que alcanzó su auge en el siglo XVIII, la que mejor resumió el paradigma moderno. Durante la Edad Media, el valor de una persona dependía de Dios: existo porque soy criatura. Pero Descartes se animó a decir *cogito ergo sum* (pienso, luego existo); ¿qué significó eso? Que lo que me hace ser alguien es mi capacidad de pensar. Los filósofos posteriores no pudieron escapar de su influencia y con el tiempo la Razón se fue convirtiendo en el fundamento para medir todas las cosas. Descartes nunca desechó la idea de Dios; por el contrario, en sus *Meditaciones* afirma que «la certeza y verdad de toda ciencia dependen solo del conocimiento del verdadero Dios; de manera que, antes de conocerlo, yo no podía saber con perfección cosa alguna»[5]. Sin embargo, el eje ya estaba en otro lugar: en la Razón y no en la fe, en la mente y no en el espíritu, en el individuo y no en Dios.

---

3. VATTIMO 1989, p. 73.
4. SIK HONG 2001, p. 7.
5. DESCARTES 1977.

La Ilustración tomó estas ideas del racionalismo cartesiano y las convirtió en una religión. Si el Medioevo fue posible gracias al fundamento ético y filosófico de la teología cristiana, la modernidad reposó en esta teología antropocéntrica: destronamos al Dios de la Biblia y pusimos a otro dios en su lugar: la Razón. La esclarecedora portada de la *Enciclopedia* de 1772 expresó esta fe de una forma realmente elocuente: la Verdad ocupa el centro de la imagen y está totalmente cubierta de luz; a su lado, y como en una de las pinturas medievales de los santos, la Razón y la Filosofía están rasgando el velo que anteriormente la cubría.

Libertad para elegir: el ideal de la democracia

La Revolución Francesa de 1789 llevó al terreno político los ideales de la Ilustración. La democracia se convirtió en símbolo de una nueva época, un rayo de luz contra el absolutismo. Los reyes, señores y nobles justificaban su autoridad en el derecho divino: así como el Papa era el representante de Dios en los asuntos espirituales, el rey era representante en los asuntos temporales. La Revolución Francesa luchó por la autonomía individual y afirmó que todos deberían ser iguales ante la ley; las autoridades tendrían que recibir su poder de manos del pueblo mismo, no de otras fuentes. Por supuesto, después de las revoluciones los poderosos encontraron nuevas maneras de someter y engañar al pueblo, pero el germen del cambio ya estaba instalado; se estaba gestando el ideal de una sociedad de iguales.

Libertad para hacer: el ideal del capitalismo

Otra clave fundamental para entender el espíritu de la modernidad es el triunfo del capitalismo. Por siglos, los campesinos fueron vasallos de señores feudales. Bajo la sombra de estos señores, que controlaban el acceso a la tierra, fue ganando poder la burguesía, que no medía su valor en tierras o sangre real sino en dinero. Los burgueses forjaron el mundo en el que todavía vivimos, donde el dinero es la rueda que mueve la sociedad. Durante la Revolución Industrial, las máquinas ayudaron a la burguesía a tomar el control definitivo sobre la economía. A partir de entonces, cada individuo es solo un engranaje del sistema y su valor reside en la utilidad que ofrecen sus servicios. No importa si vende o compra, si discute en el senado, si es capataz o peón, si tira leña a la locomotora o pone a funcionar los telares; de una u otra manera, todos debemos demostrar que nuestra vida vale el oxígeno que consume produciendo para que el sistema se mantenga en funcionamiento. La promesa del capitalismo es que si aceptamos ese destino, nos va a ir bien en la vida: el que trabaja, come; el que se esfuerza, crece; el que persevera, triunfa. El capitalismo prometió riqueza ilimitada y al alcance de todos pero la historia ha demostrado cíclicamente que la confianza en la oferta y la demanda no lleva a la igualdad (esa mano invisible del mercado de la que hablaba Adam Smith); por el contrario, a menudo conduce a la desigualdad, la injusticia y la opresión de los más pequeños.

Los grandes relatos y la teleología moderna

El mito de la modernidad fue forjado a partir de estos ideales: que la Razón, la filosofía y la ciencia nos llevarían a contemplar la verdad sin velos; que ningún Dios iba a dictar cuáles deberían ser nuestros gobernantes ni nuestras leyes; que todos podríamos hacer negocios y a todos nos iría bien. Estos grandes relatos se fueron convirtiendo en una *teleología* de la historia, es decir: la expectativa de que el mundo se está dirigiendo a un objetivo. Cada vez que buscamos el sentido de algo y ordenamos la realidad para darle coherencia estamos haciendo una teleología. El objetivo al que aspiró la modernidad está bien resumido en una frase de Augusto Comte –padre del positivismo y de la sociología–, que se convirtió eventualmente en el lema de la bandera de Brasil: *Orden y Progreso*. Mediante la luz de la Razón y la confianza en la democracia y el capitalismo, la modernidad buscó su utopía: una sociedad ordenada, pacífica, organizada, que crece y se desarrolla mientras va civilizando los vestigios de la barbarie humana.

2) El cautiverio cultural de la iglesia en la modernidad

A comienzos del siglo XX, Max Weber publicó *La ética protestante y el espíritu del capitalismo*, un libro en el que conectaba la Reforma con el modelo capitalista propio de la modernidad. Weber señaló que la disciplina, el ahorro y la honestidad que promovieron los reformadores se complementaban muy bien con la dedicación al trabajo y la acumulación que sirven a los fines del capitalismo. Siguiendo su ejemplo, muchos estudiosos han reconocido que el nacimiento del protestantismo está enmarcado en una serie de procesos históricos que definieron el curso de los siglos siguientes: la cultura del humanismo, el fortalecimiento del modelo capitalista por encima del modelo feudal y la gestación del Estado moderno. Todos estos elementos ponen la base de lo que conocemos como modernidad. ¿Qué significa esto? Que la iglesia protestante y la modernidad nacen juntas. Algunos sugieren que la modernidad es hija del espíritu contestatario de los reformadores y otros que la Reforma es uno de los primeros brotes de la modernidad. Pero no importa si fue primero el huevo o la gallina: de cualquier manera, modernidad y protestantismo han caminado de la mano desde el principio. Y lo cierto es que, después de tantos siglos de modernidad, hasta la iglesia católica, fuertemente anclada en estructuras medievales, se rindió ante su influencia. A pesar de las diferencias teológicas y formales, católicos y protestantes hemos sucumbido ante el modelo de la modernidad; «el cristianismo –reconoce In Sik Hong– se ha presentado (y aún se presenta) mayoritariamente como un hijo de la modernidad»[6].

No es fácil tomar conciencia de los límites y motivaciones de la propia cultura; nuestra cosmovisión es transparente, muy difícil de detectar, pero influye en nuestra percepción de todo lo demás. La iglesia de todas las épocas ha intentado conciliar la revelación que Dios ofreció al mundo en la persona de Cristo con su propia cultura. Nuestro conocimiento de Dios nunca está exento de la influencia del contexto; en alguna medida, siempre existe cierto nivel de sincretismo entre nuestra fe y nuestro entorno. Por mucho tiempo, la iglesia pudo acomodar su imagen de Dios al ideal de la modernidad, y predicó un Dios que se conoce de manera racional y está a favor de la democracia y el capitalismo. La iglesia aceptó con toda credulidad las conclusiones de la utopía moderna, y por eso justificó una serie de prácticas que hoy consideramos inaceptables. La conquista de América y el colonialismo posterior se justificaron en la necesidad que tenían los salvajes de ser evangelizados. Muchos defendieron el modelo esclavista mediante la excusa de que los esclavos no eran personas sino animales que necesitaban tutela espiritual. El asesinato de presuntos brujos y brujas era fundamentado como una defensa de los valores de la sociedad cristiana. Solo algunos cuestionaban las desigualdades sociales y económicas porque, a fin de cuentas, Dios premia al que se lo merece y si alguien es pobre debe ser por algo. Pocos creyentes alzaron su voz contra la persecución de los comunistas a mediados del siglo pasado porque la «amenaza roja» representaba una crítica a dos instituciones esenciales de la modernidad: el capitalismo y la democracia.

La relación entre el paradigma moderno y el modelo actual de la iglesia es tan estrecha que cuesta diferenciar muchas de sus manifestaciones. La modernidad prometió ser el último escalón del ascenso humano y por eso, cuando la ilusión fracasó, la caída fue terrible. El Titanic de la modernidad chocó de frente contra el iceberg de su propio ego. Cuando la modernidad entró en crisis, la iglesia se encontró en problemas. José González Ruiz dijo que si los cristianos «descendemos al mercado, donde los humanismos compiten, con nuestro modelo predeterminado, no debemos quejarnos de que nuestra mercancía quede ligada a las eventualidades de tal mercado»[7]. Las raíces que conectan a la iglesia con la modernidad son tan profundas que pareciera que ya no puede existir un cristianismo real en un mundo

---

6. SIK HONG 2001, Op. Cit., p. 5.
7. GONZÁLEZ RUIZ 1970, p. 60.

como este. Nos sentimos como esos monjes que tenían que huir al desierto porque sentían que quedarse en la ciudad significaba morir o negar la fe.

3) La decepción de las utopías y ¿el fin de la historia?

Leonor Arfuch define posmodernidad como «la pérdida de certezas, la difuminación de verdades y valores unívocos, la percepción nítida de un decisivo descentramiento del sujeto, de la diversidad de los mundos de vida, las identidades y subjetividades»[8]. Todo lo sólido se desvanece en el aire. Los cimientos de antaño no son más que un recuerdo lleno de nostalgia por la inocencia perdida. Las películas, los libros y las canciones repiten una y otra vez este sentimiento angustiante: nos tomaron el pelo. Durante mucho tiempo nos vendieron una gran mentira y hoy nos toca lidiar con los escombros.

Nos mintió la Ilustración cuando dijo que la Razón nos ayudaría a correr el velo de la verdad. Un famoso aforismo de Hegel dice que todo lo racional es real y todo lo real es racional; pero aunque estamos desbordados de información, conocimiento y técnica, el mundo sigue siendo un lugar misterioso y lleno de azar. Nos mintió la ciencia cuando prometió que la tecnología serviría para construir una sociedad más justa; los campos de concentración y la bomba atómica nos demostraron que la tecnología puede despertar en nosotros los instintos más terribles. Nos mintió la teleología del progreso eterno; el mundo es un caos sin sentido y nuestra sociedad se parece a un avión en caída libre. Nos mintieron el modelo democrático y el sistema capitalista; ni el voto universal ni el libre comercio han solucionado el problema de la injusticia. La brecha entre ricos y pobres crece constantemente, las clases políticas han encontrado formas cada vez más sofisticadas de salirse con la suya y nuestros niveles de consumo están amenazando seriamente la supervivencia de nuestra especie en este planeta. Recuperando la sombría sentencia de Fukuyama, *pareciera que estamos en el fin de la historia*.

Están muriendo las utopías y por eso todo lo que queda es hedonismo: vivir al máximo mientras dure la experiencia; «las emociones cambiantes constituyen nuestro credo sin principios, nuestro sistema filosófico sin filosofía»[9]. La desaparición de los grandes relatos significa también que cada vez es más difícil comunicarse. Aunque tenemos *apps* que traducen en tiempo real, muchísimo material sobre la sanidad del alma, cursos para manejar la ira y un sinfín de posibilidades de comunicación a un clic de distancia, no logramos conectarnos con los demás. No hay ningún modelo

---

8. «Problemáticas de la identidad», ARFUCH 2005.
9. *Los vislumbres*, Carlos Marzal, citado en FERRARI 2010, p. 95.

más allá del que cada uno tiene en su propia mente y por eso las parejas se separan como nunca antes y las relaciones tienden a ser fugaces y superficiales. El ideal de libertad destruyó la utopía de la fraternidad.

En el siglo V antes de Cristo, el sofista Protágoras declaró que el hombre es la medida de todas las cosas. Los artistas del Renacimiento se sirvieron de ese concepto para sostener que «el hombre» en cuanto especie es el parámetro que debe definir todas las cosas; en este contexto, la frase del sofista fue una ruptura con el ideal religioso medieval y una afirmación de la emancipación de la humanidad frente a Dios. La posmodernidad aplica la frase de Protágoras en un sentido más específico: cada ser humano es la medida de todas las cosas, cada individuo elige sus propios parámetros y verdades.

Lo individual eclipsa a lo colectivo. La diversidad no deja mucho espacio para la coherencia. Todo está mezclado en el campo de los discursos. Las verdades son híbridas y se construyen minuto a minuto con trocitos de otras verdades. El cambio es imposible. No hay utopías que nos den la fuerza para intentarlo y, si las hubiera, seguro nos traicionarían como ya lo hicieron otras ilusiones antes. Hemos matado a Dios y, como dijo Sartre, «todo está permitido si Dios no existe»[10]. Ahora nos toca vivir con el espacio vacío.

4) ¿Es posible una iglesia «posmoderna»?

La visión fatalista (y un poco exagerada) de los párrafos anteriores es solo una parte de la historia; es, en palabras de María Cristina Pons, *la vertiente negativa de la posmodernidad*. Otros pensadores, como Mempo Giardinelli, piensan que la posmodernidad es una crisis natural que acompaña la maduración de los ideales modernos; desde este punto de vista, es más una metamorfosis que un apocalipsis. Umberto Eco hace una distinción muy útil que resume estas tendencias: en un extremo están los *apocalípticos*, que predican el fin de la historia y la destrucción de todos los valores, y en el otro se encuentran los *integrados*, que reciben el cambio con absoluta esperanza y confían ciegamente en que la ética posmoderna es la revelación definitiva.

Lo cierto es que la desconfianza en la validez de los grandes relatos es también una actitud profundamente cristiana: es una protesta contra la idolatría de adorar proyectos humanos. Se me ocurre pensar que es Dios mismo quien despierta estos giros bruscos de la historia para sacudir nuestra fe y volver nuestros ojos a Él. Cuando todo cambia y nos encontramos desnudos ante un mundo caótico, estamos en una posición mucho más adecuada para destruir los dioses que creamos a nuestra imagen y

---

10. SARTRE 1981, p. 21.

semejanza. Es allí donde conocemos al Dios desconocido, a ese que tenemos miedo de descubrir.

Hegel dijo que «cada uno es, sin más, hijo de su tiempo»[11]. La iglesia de hoy no puede seguir anclada a los argumentos, rituales, formas y estrategias que le sirvieron en un tiempo pasado. Nuestra confianza no está puesta en ninguna de esas cosas sino en nuestro Señor Jesús; Él es el único que venció a la muerte y puede seguir venciendo las consecuencias del desgaste y el paso del tiempo.

Es a este mundo y no a otro al que la iglesia debe dirigirse. No podemos escaparnos del tiempo. Quizá sería un poco más fácil quedarse con un extremo del péndulo: defender el paradigma posmoderno como si fuera la solución a todos nuestros problemas o, por el contrario, atacarlo con toda nuestra artillería e identificarlo con Satanás mismo. La posmodernidad no debería ser nuestra enemiga, aunque tampoco nos conviene caer en el error de nuestros antecesores y afirmar ingenuamente que el modelo posmoderno es el mejor modo de ser iglesia. Lo verdaderamente difícil es encontrar respuestas que no sean reduccionistas sino fieles tanto al mensaje como a las necesidades, que no negocien la verdad pero que tampoco la formulen en un idioma extraño. El objetivo de estas páginas es justamente buscar ese equilibrio extravagante. Vamos a intentar no poner nuestra esperanza en el respeto que generan las viejas definiciones ni en la fascinación de los nuevos espejismos. Vamos a intentar analizar los paradigmas previos y actuales con la esperanza de que, en algún lugar de ese recorrido, encontremos el ancla que necesitamos.

La iglesia es una peregrina inusual de la historia y siempre ha tenido dificultades para asimilar los cambios. Aunque algunas veces hemos estado a la vanguardia del cambio –pienso por ejemplo en la revolución moral que representó para su tiempo la iglesia primitiva, pienso en la agitación que significó la Reforma y en el pacifismo de los anabaptistas–, lo cierto es que a menudo llegamos tarde y mutamos por ósmosis cuando el mundo ya está cambiando otra vez. Duele reconocer que el mundo ve a la iglesia como una solución anticuada a problemas que ya no existen.

Los evangelios de Juan y de Lucas relatan la venida de Cristo al mundo de dos maneras totalmente diferentes. Juan relata la irrupción de Dios en la historia de manera espiritual: el mismo Verbo que había estado en el principio con Dios creando todas las cosas, se hizo carne y habitó entre nosotros. Lucas prefiere un tono más contundente, violento y lleno de interrogantes:

---

11. Citado en VARCELLESE y BIANCHI 1996, p. 236.

> En esos días, Augusto, el emperador de Roma, decretó que se hiciera un censo en todo el Imperio Romano (este fue el primer censo que se hizo cuando Cirenio era gobernador de Siria). Todos regresaron a los pueblos de sus antepasados a fin de inscribirse para el censo. Como José era descendiente del rey David, tuvo que ir a Belén de Judea, el antiguo hogar de David. Viajó hacia allí desde la aldea de Nazaret de Galilea. Llevó consigo a María, su prometida, cuyo embarazo ya estaba avanzado. Mientras estaban allí, llegó el momento para que naciera el bebé. María dio a luz a su primer hijo, un varón. Lo envolvió en tiras de tela y lo acostó en un pesebre, porque no había alojamiento disponible para ellos (Lc 2:1-7).

Los dos evangelistas quieren expresar la misma verdad de la fe, la encarnación de Cristo, pero Lucas siente que antes de decir nada al respecto del Mesías, necesita situarlo en el tiempo y espacio: una pequeña aldea dentro del Imperio Romano durante el reinado de Augusto. Si Juan se anima a decir que el Verbo se hizo carne, Lucas está afirmando que Cristo se hizo histórico.

En Cristo, Dios llevó al extremo el compromiso que había mostrado a lo largo de la historia de Israel. En Egipto había soportado la codicia de un faraón al que fácilmente podría haber exterminado. En Jericó había acompañado día tras día los pasos del pueblo alrededor de una muralla de barro y ladrillos. En el templo de Jerusalén había aceptado las oraciones y sacrificios de un pueblo ritualista aunque ninguna pared puede contenerlo. A diferencia de las divinidades griegas, el Dios de la Biblia participa de la historia de su pueblo y está dispuesto a involucrarse de la forma más brutal: metiéndose en el tiempo que Él mismo creó.

Si somos discípulos del Dios que se hizo carne, lo menos que podemos hacer es encarnarnos en nuestra realidad. Encarnarse es vivir *en* el tiempo y comprometerse hasta la médula con la cultura que nos rodea, al igual que Jesús se involucró por más de treinta años con la cultura de su pueblo. Si el cristianismo es solo una teoría sobre el mundo, no se diferencia en mucho de todas las otras interpretaciones de la realidad. La fe cristiana se convierte en otra cosa, en una fuerza incontenible, cuando sigue los pasos del Maestro y se encarna en la realidad. Es ahí donde descubrimos al Dios de la historia.

> *Cuando los fundamentos de la ley y del orden se desmoronan, ¿qué pueden hacer los justos?*
>
> **Salmo 11:3**

EL PROBLEMA DE LOS ANTEOJOS
Cosmovisión, conocimiento y subjetividad en la posmodernidad

Es difícil ver lo transparente.
Julio Cortázar

La epistemología es la rama de la ciencia que reflexiona sobre la forma en la que vemos el mundo. Cada cultura tiene sus características y carencias, sus búsquedas y huecos, sus intereses y desintereses. Cada contexto es como un par de anteojos a través de los cuales miramos la realidad. Mirar el mundo con anteojos es verlo con ciertos matices, aumentos y bordes. Todos nacimos detrás de un par de anteojos y esto representa tanto una posibilidad como una limitación.

Cada época tiene, en palabras de Umberto Eco, sus propias *metáforas epistemológicas*. A través de ellas, comprendemos en qué consiste el espíritu de una época, cómo se percibe el mundo, cuáles son los enfoques y las tendencias. Descartes imaginaba el mundo como un espacio blanco y vacío, una *tabula rasa*. A partir de ahí, la razón podía guiarlo a conocer el resto de las cosas; primero el pensamiento y luego, a través de él, el descubrimiento de la propia existencia y del resto del mundo. Me imagino a los sofistas, a los que tanto odiaba Platón, como actores de teatro que montaban una obra muy creíble pero también muy falsa; de esta forma demostraban su idea de que el mundo es una trampa para los sentidos. El Renacimiento explotó recurrentemente la metáfora del buen príncipe. La epistemología de Émile Zola y los escritores naturalistas franceses del siglo XIX podría representarse a través de un hombre atrapado en sus circunstancias; está condenado a su destino y a la miseria. Howard Hughes es una buena metáfora del pragmatismo norteamericano: un millonario emprendedor que logra lo imposible, que desafía todos los límites, incluso si eso lo lleva a rozar la locura.

Si tuviera que pensar en una metáfora epistemológica de nuestra época, se me ocurren inmediatamente las secuencias finales de *El Club de la pelea*

(*The Fight Club*), la película dirigida por David Fincher. Luego de golpizas brutales, de planificar atentados y hacer jabón con grasa humana, el moribundo Edward Norton contempla la ciudad desde la cima de un edificio junto a su disfuncional y confundida novia. Toda la trama de la película los condujo a ese momento sublime en el cual, como un acto poético y con inmenso placer, observan el derrumbe de enormes edificios.

La imagen de Fincher es elocuente: todas las estructuras que sustentaron nuestro estilo de vida se rompen en mil pedazos. Y nosotros, los habitantes de este nuevo milenio, tenemos el horroroso privilegio de observar el derrumbe de los grandes relatos como si fuera un poema épico. *El Club de la pelea* inaugura en el cine la era del nihilismo colectivo, la fe en la nada. El arte y la filosofía de la posmodernidad, que corren por libros sombríos y por luminosas canciones de pop, transportan el germen de la *de*(con)*strucción* de todas las cosas. Nuestra era no para de hablar de los anteojos que llevamos puestos. El debate epistemológico está en todos lados: en la televisión, en los pasillos de las oficinas, en las redes sociales, en las aulas. La gente no para de repetir, incluso sin saberlo, las opiniones de Foucault, Bourdieu, Derrida, Lyotard, Althusser, Vattimo, Deleuze, Gadamer, Dilthey y el resto de posestructuralistas, nihilistas, postmarxistas y heideggerianos. La metafísica ha sido destruida, dicen. El ser humano es un bichito encerrado en las paredes del enorme universo. No existe ningún fundamento, es imposible agarrarse de algo.

De Nietzsche aprendimos que Dios ha muerto, que toda especulación sobre la trascendencia o el sentido de la vida es un consuelo de tontos. El dramaturgo y político checo Václav Havel dijo que esta ausencia de lo divino fue también el puntapié que nos condujo a semejante angustia.

> Creo que con la pérdida de Dios, el hombre ha perdido un tipo de sistema absoluto y universal de coordenadas con el cual siempre pudo relacionar todo, especialmente él mismo. Su mundo y su personalidad comenzaron gradualmente a dividirse en fragmentos aislados e incoherentes que corresponden a coordenadas diferentes y relativas[12].

Los existencialistas nos enseñaron a aceptar cínicamente la realidad tal cual nos toca sin más explicaciones; el mundo no es más que un desastre que gira alrededor del sol. El deconstruccionismo exacerbado nos enseñó que no hay lógica en la realidad; todo es arbitrario, todo es una trampa hecha con lenguaje y para beneficio de alguien. Hegel nos dijo que el sentido de la historia es relativo y Foucault fue más allá al decir que toda categoría es historizable: no existe una verdad absoluta que trascienda la historia, todo argumento solo es válido en el tiempo histórico en el que surge.

---

12. Citado en YANCEY 2005, p. 26.

Hubo un tiempo en el que la gente podía sostener con toda honestidad y sin mucho esfuerzo la existencia de argumentos *verdaderos*. Hoy ya no es tan fácil. Occidente se quemó con leche por demasiados siglos y por eso huye cada vez que la vaca de la verdad se acerca. No hay una ética común porque no toleramos a nadie encima de nuestras cabezas que nos diga qué es lo bueno. Y como Novalis supo decir, «donde no hay dioses reinan los fantasmas»[13]. Nadie se anima a adjudicarse la verdad ya que vivimos en el tiempo en el que «nada puede ser dicho como *verdadero*», donde toda verdad es precaria, nada más que una «ilusión útil»[14].

El problema de los anteojos ya no es una situación propia de la academia o de los filósofos. Ha sido adoptado por toda una sociedad que convirtió sus mayores ilusiones en una serie de decepciones manufacturadas. La dolorosa conciencia de la ignorancia e incertidumbre en la que vivimos está presente cada vez que alguien dice, como al pasar: «eso es relativo», «cada uno tiene derecho a su opinión» o «es solo tu punto de vista».

Nuestra época «descubrió» la subjetividad. Y todo el entusiasmo que esto despierta resulta llamativo si recordamos que los sofistas, hace más de dos mil cuatrocientos años, sostenían argumentos similares. Afirmar hoy la subjetividad de todo discurso, los condicionamientos históricos o la imposibilidad de una comprensión definitiva, suele ser menos una declaración de principios que un giro retórico. El lema de Sócrates («solo sé que no sé nada») está de moda. La afirmación de una relatividad absoluta (he aquí la paradoja) se predica en la posmodernidad de manera mecánica y hasta inconsciente. En el Prólogo de su obra magna, *Temor y temblor*, el filósofo danés Søren Kierkegaard denunció la superficialidad con la que solemos afirmar algo tan perturbador como «todo es relativo»:

> Aquello que los antiguos griegos, algo conocedores de filosofía, adoptaban como tarea de toda una vida, porque la práctica de la duda no se adquiere en pocos días o pocas semanas; el término al cual llegaba el viejo luchador ya retirado de los combates, después de haber guardado el equilibrio de la duda en medio de todas las asechanzas, después de haber negado infatigablemente la certeza de los sentidos y del pensamiento, después de haber arrostrado sin cobardía los tormentos del amor propio y las insinuaciones de la simpatía; esta tarea es la que sirve hoy como iniciación para todos[15].

---

13. *La cristiandad o Europa*, NOVALIS 2007, p. 141.
14. «Las ideologías no son sistemas», ANGENOT 1998, p. 66.
15. KIERKEGAARD 2004, p. 7.

Vivimos, como propone Ricardo Piglia, en un «dogmatismo de la incertidumbre»[16]. Es cierto que en el pasado apenas se tenía en cuenta el contexto del que surgían las verdades; también es cierto que hoy nos cuesta mucho ver más allá del contexto.

Cada época ve, como puede, el vaso medio vacío o medio lleno. Cuando nuestra cosmovisión está llena de esperanza, nos sentimos seguros y todo parece aumentar esa confianza. Es lo que sucedió con la teología en la Edad Media, con el racionalismo de la Ilustración, con la ciencia en el tiempo del positivismo y con la tecnología a mediados del siglo XX. Los cristianos tendemos a proyectar ese vaso lleno en Dios; por eso, en esos tiempos de ilusión y confianza, parecía innegable que Dios hablaba con mucha claridad, con palabras muy específicas y bastante coherentes con el espíritu de la época. La iglesia solía describir el camino a Dios como algo pautado, sencillo, evidente.

Por el contrario, cuando nuestra cosmovisión sufre profundas decepciones, proyectamos esa desilusión en todas las cosas. El vaso está vacío y pareciera que todo conspira en contra de nuestra posibilidad de entender el mundo. Es lo que experimentaron los artistas del barroco al chocarse contra sus limitaciones, lo que vivieron los románticos cuando entendieron que el racionalismo no explicaba muchas cosas, lo que sintieron los artistas de vanguardia al tener que hablar entre los ruidos de las dos guerras mundiales, y es ciertamente lo que nos pasa hoy en esta crisis de las instituciones y los grandes relatos que llamamos posmodernidad. En todas esas instancias, los cristianos también hemos proyectado en Dios la frustración que nos provoca un mundo que no entendemos. Quizá seguimos manteniendo ciertas verdades fundamentales del Credo pero no dejamos de hablar de la enorme incapacidad que tenemos para entender su voluntad y su voz, e intentamos por todos los medios no caer en dogmatismos.

Pocas cosas son tan molestas como tener que revisar nuestros anteojos. Lo transparente es lo más difícil de ver. Es un esfuerzo enorme poner en duda lo que nos resulta obvio. Y ciertamente: lo que era evidente para nuestros abuelos (eso que hoy nos parece imposible de creer) no es lo mismo que hoy consideramos evidente. Dudar de los anteojos es animarse a romper la ilusión de que no hay interferencia entre nuestros ojos y la realidad. Desconfiar de nuestros anteojos nos llena de temor. En la película *Matrix*, el traicionero Cypher tiene tanto miedo de cuestionar «el mundo que fue plantado ante tus ojos para esconderte la verdad» que prefiere negar todo, incluso si eso significa traicionar a los suyos. Al igual que él, nosotros también nos debatimos entre la curiosidad y el miedo a lo que podemos encontrar si escarbamos lo suficiente.

---

16. PIGLIA 2000, p. 230.

Nadie disfruta de analizar los fundamentos de sus opiniones. Es difícil «repensar las consecuencias de una verdad evidente, demasiado evidente, acaso, como para que uno la perciba siempre con claridad»[17]. Pero antes de poder decir con honestidad cualquier cosa sobre la fe, sobre lo que somos, hacemos, pensamos o queremos, es necesario preguntarse por los anteojos. Esa pregunta afecta a todas las respuestas. Lo que pensamos de nosotros mismos, de Dios, de los demás, del tiempo o el espacio, la verdad o la muerte, siempre se sostiene en una serie de conclusiones o intuiciones previas. Lo más obvio del mundo nunca es obvio.

El triunfo de la Revolución Francesa marca simbólicamente el fin del estilo de vida del Medioevo, que se organizaba en torno a ciertas estructuras sociales y religiosas de procedencia cristiana. A partir de entonces, y quizá como un ajuste de cuentas por los excesos anteriores, el cristianismo ha sido objeto de menosprecio e incluso de censura en muchos ambientes. Bajo la bandera de la Razón, el Iluminismo afirmó que no hay argumentos racionales detrás de la experiencia religiosa. Augusto Comte ordenó estas ideas cuando propuso que la historia de la humanidad puede dividirse en tres momentos o *estadios*: el *teológico* primero, el *metafísico* después y finalmente el *positivo*. El progreso se volvió entonces la piedra angular del *positivismo*; el instinto religioso se volvió un apéndice primitivo, un obstáculo a ser superado en el camino de la maduración de la especie.

Se construyeron así grandes bloques de contradicciones: fe o razón, religión o ciencia, ideología o verdad, conocimiento verdadero o falsa conciencia. Muchas de las mentes más sobresalientes de la ciencia y la teología de los siglos XVIII y XIX se vieron atrapadas en esta batalla entre diferentes concepciones de progreso. Pero llegó el siglo XX con su desilusión, su hambre, sus Guerras Mundiales y su relatividad; cuando los ideales de la Razón y el progreso mostraron sus fisuras, algunos fueron notando que la contradicción entre la «verdad científica» y la «ideología religiosa» era artificial e inadecuada porque no daba cuenta de la complejidad de la realidad.

Ya a finales del siglo XIX, el austríaco Ernst Mach afirmaba que no existen tales cosas como «las leyes de la naturaleza», ya que solo son «un producto de la necesidad psicológica que sentimos de volver a encontrar nuestro camino en la naturaleza, de no permanecer ajenos y confusos ante esos fenómenos»[18]. En el mismo espíritu, muchos epistemólogos contemporáneos critican el lugar que la Ilustración dio a la Razón como el único fundamento posible de una cosmovisión válida. Uno de estos epistemólogos es Paul Feyerabend, quien sostiene que la ciencia no es lógica ni sistemática, como se suele creer, sino más bien creativa y anárquica. El raciona-

---

17. *Theorié des pouvoirs et Idéologie*, Marc Augé, citado en VERÓN 1995, p. 25.
18. Citado en PETRONIO 2000, p. 790.

lismo y la ciencia son una secta, dice Feyerabend, y son incluso peor que el resto, ya que tienen pretensiones totalitarias. La creatividad es vista como un acto natural: no es posible conocer el mundo sin creatividad. Mientras leemos la realidad, la vamos construyendo; mientras procesamos el mundo, lo vamos creando.

Los debates epistemológicos nos enseñan que siempre creemos en algo. La oposición moderna entre fe y ciencia ya no es un problema; la confianza en la ciencia también es un tipo de fe. Toda vida sobre la tierra implica una creencia: puede ser que Dios exista a pesar de las evidencias en su contra; puede ser que Dios no exista a pesar de los rastros que algunos afirman ver. La fe que tenemos en el funcionamiento del mundo nos permite vivir y relacionarnos con nuestro entorno. Incluso cuando criticamos algunas de las conclusiones que se desprenden de nuestra cosmovisión, nunca dejamos de recurrir a otros elementos de la misma cosmovisión. En el sentido más filosófico y también en el más práctico, la vida sin fe es algo imposible.

No voy a negarlo: la cosmovisión del cristianismo y la de cualquier otra fe que predique algún tipo de trascendencia está fuertemente influenciada por la voluntad de encontrar sentido a la existencia. Vivir creyendo que existe algo más que nosotros mismos cambia considerablemente nuestras percepciones de la realidad: veremos esperanza donde otros observarán vacío, veremos propósito donde otros percibirán puro azar. Pero lo mismo es cierto sobre la idea contraria: pensar que Dios no existe, que no hay trascendencia, que toda experiencia espiritual es nada más que sugestión también es una hipótesis previa, una especie de lente que afecta las percepciones.

En Juan 17:7, Jesús afirma: «*El que esté dispuesto* a hacer la voluntad de Dios reconocerá si mi enseñanza proviene de Dios o si yo hablo por mi propia cuenta» (la cursiva es mía). El problema del conocimiento, podríamos parafrasear hoy, no pertenece al ámbito del intelecto sino, a fin de cuentas, al ámbito de la voluntad. Ver el vaso medio vacío o medio lleno también es una cuestión de actitud. El mundo no es complejo ni simple, feliz ni infeliz, lógico ni absurdo; somos nosotros los que le ponemos rótulos. Después de siglos de discusión, la epistemología ha vuelto a prestar atención al libre albedrío. Decidir por Dios o por la nada es también una cuestión de voluntad. Creer que no existe ningún Dios sobre nuestra cabeza es un condicionante tan fuerte como la hipótesis de una divinidad... ¿o quizá más?

> *Si todo es según el color del cristal con que se mira, conviene saber qué anteojos y anteojeras nos han puesto.*
> **Arturo Jauretche**

LA PREGUNTA ETERNA
Proyecciones y espejismos en la búsqueda de Dios

> *Un bibliotecario de gafas negras le preguntó: «¿Qué busca?». Hladik le replicó: «Busco a Dios». El bibliotecario le dijo: «Dios está en una de las letras de una de las páginas de uno de los cuatrocientos mil tomos del Clementinum».*
> *Jorge Luis Borges*

En 1970 John Lennon publicó su primer disco solista, *Plastic Ono Band*. A pocos meses de la separación de los Beatles, se mostró frágil y desnudo, puso al descubierto sus temores más íntimos y así dio a luz a una obra francamente conmovedora. Hacia el final del disco, la canción «God» (Dios) abre con una frase categórica: «Dios es un concepto a través del cual medimos nuestro dolor». Luego de semejante afirmación, y quizá un poco estremecido por la misma, Lennon necesita repetir la frase.

¿Quién es Dios realmente? ¿Es acaso un concepto, un artilugio, una forma abstracta? ¿Es una creación de la mente, fruto de intelectos débiles y espíritus atormentados? ¿Es acaso, como decía Lennon, una estrategia que fabricamos para sobrellevar el dolor, la crueldad y la falta de sentido? ¿O se parece a esa brillante metáfora del teatro griego, el *deus ex machina*, esa fuerza intrigante que aparece en escena para dar un vuelco inesperado a la historia? ¿Será algo como lo que propone el inmanentismo: que aquello que proyectamos como imagen de Dios es únicamente un reflejo de las aspiraciones y exigencias del alma humana? ¿O tal vez será, como proponía Voltaire, una necesidad racional, el *motor primero*, que solo sirve para responder a la pregunta al respecto de quién creó el mundo? ¿Será ese «Dios de los huecos», defendido y repudiado por los teólogos del siglo XX, que funciona como una explicación temporal ante las cosas que desconocemos y se va esfumando progresivamente mientras vamos completando las explicaciones? ¿Acaso Dios es una idea? ¿Será que toda noción de divinidad es una construcción social? ¿La trascendencia es mera ilusión? Unamuno divagaba por caminos como estos cuando se preguntó: «¿Son el sonido de mis propios anhelos que resuenan por el vasto vacío de la nada? ¿O he de llamarlas Dios, Padre, Espíritu, Amor? ¿Un ser vivo dentro o fuera de mí? Dime tu nombre, tú, ¡terrible misterio del amor!»[19].

La vida humana es una riña de pulsiones, de instintos lúcidos y opacos, de revelaciones perplejas y dudas paralizantes. Algo en nuestro interior quiere encontrar sentido; anhelamos conectarnos con lo divino, sea ello lo que fuere. Muchas evidencias parecen justificar la búsqueda: nuestra propia inexplicable existencia, la inmensa naturaleza, la belleza, el misterio y la inmensidad, cierta lógica que hay en el mundo, el amor y la inocencia. Al mismo tiempo y en perfecta antítesis, las dudas de nuestra mente crecen como tumores; los horrores a nuestro alrededor, el absurdo, la destrucción y la injusticia sugieren con una fuerza descomunal que todo es azaroso, crudo y absurdo, que estamos completamente solos en un universo frío y enorme.

El psicoanálisis define la *proyección* como esa operación por medio de la cual expulsamos de nosotros y localizamos fuera (en personas, cosas, situaciones, etc.) aquellas cualidades, sentimientos y deseos que rechazamos en nosotros mismos. Nos equivocamos si creemos que solo los neuróticos, sicóticos o paranoicos proyectan. Melanie Klein sostiene que la proyección es el primer mecanismo de defensa. A través de ella, el individuo puede trasladar a otra parte aquello que le produce ansiedad o inestabilidad, para alejar de sí mismo lo que no puede aceptar.

Don Quijote de la Mancha es el paradigma de quien ve solo lo que quiere ver. Alonso Quijano, «el bueno», es un hombre caído en desgracia que se evade de su realidad miserable a través de libros habitados por caballeros, aventuras fantásticas y princesas en apuros. Su fantasía lo impulsa a confundir molinos de viento con gigantes, aldeanas sucias con doncellas, un rebaño de carneros con un ejército. Todo lo que ve confirma sus fantasías. Don Quijote recorre La Mancha completamente convencido de sus altos ideales; se va chocando contra la realidad a cada paso y solo al final descubre su fraude.

Algunas veces tengo temor de que el Dios al que amo frenéticamente sea un personaje de mi ficción. ¿Acaso me he habituado a proyectarme a mí mismo en Dios, así como Don Quijote proyecta sus fantasías en los molinos? ¿Acaso he aprendido a utilizar su nombre como un mecanismo de defensa ante la realidad? Desde la seguridad de los dogmas es muy fácil ignorar ese signo de pregunta o esconderlo detrás de fórmulas teológicas. Pero esta soberbia ilusión de seguridad se resquebraja rápidamente

---

19. UNAMUNO 1964, p. 162.

en tiempos de crisis; quienes han deambulado por el desierto de la fe lo saben bien.

«Está bien hablar de Dios –decía John Henry Newman– pero esta palabra contiene toda una teología, y es necesario precisar de qué Dios se habla»[20]. Ser conscientes de la *proyección* nos hace perder la ingenuidad sobre todo lo que subyace cada vez que hablamos de Dios. Pensar en el *aspecto social* de nuestras ideas, complica mucho más el asunto. Karl Mannheim afirmó que «solo en un sentido muy limitado el individuo aislado crea él mismo la forma de discurrir y de pensar que le atribuimos»[21]. Un ser humano sin contexto, como el que proponían Descartes o Rousseau, es solo una abstracción, una figura retórica. No se puede hacer antropología sin hacer también sociología, y viceversa.

Pierre Bourdieu puso de moda el concepto de *habitus*: una serie de comportamientos e ideas que favorecen la vida en sociedad y son aprendidos en contacto con los demás. Según Bourdieu, el *habitus* es un «sistema de esquemas generadores de prácticas que expresa de forma sistémica la necesidad y las libertades inherentes a la condición de clase y la diferencia constitutiva de la posición»[22]; está a mitad de camino entre lo consciente y lo inconsciente, y se va formando «a través de sugestiones inscritas en los aspectos aparentemente más insignificantes de las cosas, de las situaciones o de las prácticas de la existencia común»[23]. El *habitus* nos ayuda a formular una serie de hipótesis previas que nos permiten entender la realidad y clasificar nuestro entorno. Es prácticamente imposible pensar fuera del *habitus*. Es lo que entendemos como natural y evidente.

Históricamente los cristianos hemos mostrado una tendencia a convertir nuestros hábitos en teología. Siempre nos ha costado diferenciar adónde comienza Dios y adónde terminan nuestras estructuras mentales y prácticas culturales. ¿Cuánto hay de entorno y cuánto de trascendencia? ¿Adónde empieza el *habitus* y adónde termina la revelación? ¿Mi fe es solo un producto de mi contexto histórico, es algo que recibo por gracia o hay un poco de cada cosa? ¿Se pueden establecer niveles o porcentajes? ¿Dónde se encuentra el límite? Puedo reconocer por fe que Dios me ama, que se comunica y que lo puedo conocer pero nada de esto puede mutilar quirúrgicamente la duda. Y quizá dudar sea también una parte esencial del oficio de creer.

La Reforma protestante se rebeló ante ciertos abusos de la iglesia medieval mediante el retorno a la Biblia. *Sola Scriptura*, decían: solo en la

---

20. *Idea of a Universite*, citado en DE LUBAC 1978a, p. 293.
21. Citado en VERDUGO 1994, p. 8.
22. BOURDIEU 1988, p. 170.
23. Id., 2001, p. 25.

Biblia encontramos el fundamento de una espiritualidad cristiana sana. Se perfiló entonces una separación tajante entre lo revelado y lo heredado. *Tradición* se convirtió en una mala palabra dentro de la iglesia protestante; la Biblia es suficiente –decían– para guiar por sí misma a la plenitud de la fe. Olvidaban nuestros hermanos que su acercamiento a la Palabra no era neutro ni transparente. A menudo olvidamos nosotros también –y este es, de nuevo, un problema de anteojos– que nuestro Evangelio no es una adaptación definitiva de la Biblia; también está filtrado por la cultura occidental, con una importante herencia europea, racionalista y poscolonial, con un énfasis mayor en el individuo que en el colectivo, con rasgos propios de un sistema socioeconómico capitalista y de corte burgués, enmarcado en una cosmovisión humanista y cientificista, en pleno proceso de construcción de una cambiante sociedad posmoderna, etc. Negar todos estos condicionamientos es repetir la escena del Huerto del Edén: querer ser como Dios. Quizá una parte de esa humildad que la Biblia pregona consiste en admitir la fragilidad de nuestra voz; y quizá en esa misma fragilidad residan nuestra victoria y nuestra verdad. Como escribió Kierkegaard:

> Un individuo, por muy excepcional que sea, nunca dejará de ser a la vez hijo de Dios, de su época, de su nación, de su familia y de sus afectos. Solamente enraizado en todo ello será dueño de su verdad. Por el contrario, resultará grotesco si pretende de alguna manera ser absoluto en toda esa relatividad[24].

La filosofía, la metafísica, la teología, la psicología y la mística han intentado definir a Dios. Generación tras generación vamos persiguiendo la sombra de Dios e intentando ponerle un rostro. Las *Confesiones* de San Agustín presentan un buen ejemplo de esta búsqueda. En oración, el santo de Hipona se preguntaba:

> ¿Y qué es lo que amo cuando te amo a ti? No ciertamente la belleza corporal, ni la hermosura del tiempo, ni el brillo de la luz, tan amable a estos ojos terrenos; no las dulces melodías de cualquier clase de cánticos. Tampoco la fragancia de las flores, de los perfumes y de los aromas, ni el maná, ni la miel, ni los miembros agradables a los abrazos de la carne. Nada de esto es lo que amo cuando amo a mi Dios. Y, sin embargo, amo alguna luz, alguna voz, alguna fragancia, algún alimento y algún abrazo cuando amo a mi Dios, porque es luz, voz, fragancia, alimento y abrazo del hombre interior que hay en mí. Allí resplandece para mi alma una luz que no cabe en un lugar, donde suenan voces que no se lleva el tiempo, donde hay aromas que no se lleva el viento, donde hay sabores que la

---

24. KIERKEGAARD 2005, p. 27.

voracidad no desgasta y donde queda unido lo que la saciedad no separa. Esto es lo que amo cuando amo a mi Dios[25].

Agustín recorre un largo sendero de interrogantes en la búsqueda de Dios. Lo persigue por tierra, mar y abismos, entre los reptiles, el aire, el cielo y el sol, la luna y las estrellas; finalmente se dirige a su alma y allí lo encuentra. Este concepto, de tradición platónica, reconoce la huella del Creador en el corazón de las criaturas: para encontrarlo, solo hay que seguir sus rastros. Descartes, otro heredero de Platón, afirmaba que «es imposible que la idea de Dios que está en nosotros no tenga a Dios mismo por causa»[26]. Pascal también mencionó que el vacío de nuestro corazón solo puede ser lleno con la presencia divina.

La Biblia no habla de Dios con abstracciones filosóficas, sino con metáforas. Lo presenta como Padre, Juez, Rey, Amigo, Siervo, Consolador y muchas imágenes más. Pero todas estas metáforas (y todas las demás que podamos imaginar) son insuficientes para describir en verdad quién es Dios. Ni Moisés en el Monte Sinaí ni el resto de los mortales antes o después podemos conocer la totalidad del nombre de Dios. Ninguna palabra, ninguna fórmula o imagen describen aquello que no puede ser nombrado: *JHVH*.

Los buscadores no se conforman con espejismos. Y no hay dudas de que esto no es tarea fácil. Es necesario pasarse la vida derribando edificios antiguos. Es necesario aprender a vivir un frágil equilibrio entre una fe absoluta y unas dudas honestas. Es necesario, como proponía Chesterton[27], ponerse en duda a uno mismo y al mismo tiempo confiar ciegamente en la verdad. Pero creo que esta vida de riesgo es preferible a la fantasía. Es mejor abrazar el misterio de tantear la presencia de Dios frágilmente antes que encerrarlo en un manojo de conceptos que se amoldan a mi cosmovisión. Prefiero animarme a vivir estupefacto ante un Señor demasiado grande para mis manos que convertirlo en una especie de crucifijo para manipular a mi antojo.

Hemos sido hechos a imagen de un Dios y tal vez no exista para nosotros investigación teológica más importante que la de discernir qué Dios es ese a cuya imagen hemos sido hechos.

Walter Brueggemann

---

25. AURELIUS AGUSTINUS 2003, Libro X, Cap. VI, p. 328-329.
26. DESCARTES 1977, Op. Cit.
27. Citado en STOTT 1975, p. 16.

YOUR OWN PERSONAL JESUS
Los múltiples rostros de Cristo: un desafío para la iglesia

> *La visión que tienes de Cristo*
> *es el mayor enemigo de mi visión.*
> *Tu Cristo tiene nariz aguileña, como la tuya;*
> *el mío tiene nariz chata, como la mía.*
> *Ambos leemos la Biblia de día y de noche*
> *pero tú lees negro donde yo leo blanco.*
> **William Blake**

Jesucristo es el centro gravitacional de la fe cristiana, es como un imán universal en el que todas las cosas confluyen ya que por Él y para Él fueron hechas. El profeta Hageo visualizaba este sentimiento más de 500 años antes del nacimiento de Cristo y lo condensaba en un título mesiánico: el deseado de todas las naciones. La historia del cristianismo, llena de contradicciones y enfrentamientos, gravita en torno a la vida y obra de Jesús de Nazaret, el Dios hecho carne.

Pero este centro absoluto de la fe cristiana no se parece en nada a una imagen estática o fácil de definir; la historia de Cristo está llena de matices, paradojas y propuestas desafiantes. El testimonio del Nuevo Testamento no siempre aclara nuestras dudas; muchas veces, las profundiza. Scott Peck escribió que el Jesús de los evangelios es el secreto mejor guardado de los cristianos. La Biblia muestra a un Cristo que deja en ridículo a esa caricatura insulsa y robótica que Hollywood mostró en más de una ocasión. En su libro *El Jesús que nunca conocí*, el periodista norteamericano Philip Yancey medita sobre este aspecto indómito del carácter del Señor:

> Insistió en que se obedeciera la ley mosaica mientras que se difundía la idea de que violaba las leyes. Podía sentir profunda simpatía por un extraño y, sin embargo, lanzar a su mejor amigo el fuerte reproche: «¡Quítate de delante de mí Satanás!». Tenía ideas intransigentes

acerca de los ricos y de las prostitutas, pero ambos grupos disfrutaban de su compañía.

Un día parecía como si los milagros fluyeran de Jesús; al día siguiente su poder quedaba paralizado ante la falta de fe de las personas. Un día hablaba en detalle de la Segunda Venida; otro, no sabía el día ni la hora. Evitó una vez que lo arrestaran para luego dirigirse inexorablemente a ser arrestado. Habló con elocuencia acerca de ser pacificadores; y luego les dijo a sus discípulos que se consiguieran espadas. Sus extravagantes pretensiones acerca de sí mismo lo hicieron motivo de controversia, pero cuando hacía algo en realidad milagroso, procuraba ocultarlo[28].

Los cristianos tenemos el Dios más interesante de todos pero esta multiplicidad de facetas hace que nuestra fe sea muy compleja. La magnífica persona de Jesús enamora a cada uno de diferentes maneras, con distintas connotaciones y tendencias. Nuestro Mesías extravagante despierta en nosotros una variedad casi infinita de interpretaciones sobre sus palabras y acciones.

A menudo pregunto a diferentes grupos de cristianos cómo describirían en pocas palabras a Jesús. Siempre me sorprendo por la diversidad de respuestas, que casi siempre están tomadas directamente de las Escrituras. Cristo es nuestro amigo y abogado, el Verbo creador, el Pan de Vida, el primero y el último, el Buen Pastor, el Cordero de Dios y el León de la tribu de Judá, el autor y consumador de nuestra fe, la cabeza de la iglesia, el Rey de reyes y Señor de señores, nuestro Mesías y Redentor, el varón de dolores, la Resurrección y la Vida, el sanador y el profeta, el Sol de justicia y la Verdad. De manera análoga, en el primer encuentro de Jesús con los discípulos según el relato de Juan (1:35-49), el Señor es nombrado en pocos versículos de ocho maneras diferentes, y cada una de ellas encierra sus propias expectativas: Cordero de Dios, Rabí, Mesías, el que había sido anunciado en la Ley y los profetas, el hijo de José, el nazareno, el Hijo de Dios y el Rey de Israel.

A lo largo de la historia, la iglesia se ha inclinado repetidas veces a pintar una imagen de Jesús que armoniza directamente con el espíritu de su época, que se amolda al *statu quo* y no cuestiona en profundidad el contexto social, político y económico. Al mirar la iconografía de ese largo milenio al que llamamos Edad Media, particularmente el arte bizantino, salta a la vista la preferencia de estos artistas por retratar a Jesús como rey del universo. Es tan marcada la tendencia que incluso podemos reconocer patrones que se repiten una y otra vez: las mismas posiciones, colores y temas. Algunos de estos iconos toman nombres

---

28. YANCEY 1996, p. 20.

como *Rex tremendae Magestatis, Maiestas Domini, Christus Imperator* y *Pantocrátor*. Este énfasis en la majestad del Señor coincide de manera directa con el período en el cual la iglesia tenía un poder exorbitante sobre los asuntos terrenales. Reyes e imperios se sometían a la autoridad de papas, cardenales y obispos; realmente daba la impresión de que Cristo estaba estableciendo su Reino en la tierra a través del poder temporal de la iglesia.

Georges Casalis propuso que las imágenes de Cristo más presentes en la historia de Latinoamérica, un continente labrado por la pobreza, la explotación y la marginalidad, son dos: el vencido y el monarca celestial. En un extremo, Jesús es visto como un Mesías derrotado, sufriente, pasivo, que enseña al pueblo a cargar resignadamente su cruz por el *vía crucis* de la vida; en el otro, Cristo es el rey que viene del cielo con todo poder y autoridad para imponer su voluntad sobre todos, una imagen fácilmente asimilable a la de los conquistadores[29].

En los tiempos en los que la Razón fue el motor del mundo, cuando la Ilustración dominaba los debates académicos y el racionalismo reprimía los impulsos que no provinieran del intelecto, Jesús fue predicado como el gran maestro de occidente, el mayor de los filósofos, el pensador por excelencia, muy superior a Buda, Confucio, Séneca o Sócrates. Es cierto que los evangelios, en particular Mateo y Juan, se esfuerzan por mostrar que el revolucionario mensaje de Cristo pone en crisis la cátedra de Moisés, el principal maestro de la tradición judía. De hecho, todo el Sermón del Monte desarrolla esta propuesta superadora. Sin embargo, la iglesia de la modernidad acentuó este aspecto aun a expensas de quitarle al Evangelio toda la potencia irracional de los milagros. Bajo la tiranía del Iluminismo, la iglesia se esforzó por presentar el Evangelio como una verdad totalmente racional, demostrada con pruebas y evidencias. Fue la era de oro de las apologías y los argumentos lógicos para demostrar la existencia de Dios.

En nuestra era de incertezas y tolerancia, de explosión de las subjetividades y hedonismo, Jesús tiende a convertirse en un personaje cada vez más ambiguo. Sus palabras se pierden en la maraña de discursos y sus facciones se desdibujan para no desentonar con el entorno. En Cristo se amparan muchas de las posturas más progresistas, que reconocen en Él un abanderado de los derechos que la sociedad necesita legitimar.

Ernesto Sábato describió a uno de sus personajes de la siguiente manera: «Sus pocas palabras salían plagadas de adverbios que atenuaban o hacían tan modestos sus verbos [...] que era casi como si se callara»[30]. Nos cuesta mucho hablar hoy de Jesús en un lenguaje de absolutos y preferimos codi-

---

29. Cf. MÍGUEZ BONINO 1977.
30. SÁBATO 2006, p. 226.

ficarlo según las categorías de las filosofías de moda. Nos abstenemos de expresarnos con claridad sobre los temas polémicos porque ya no sabemos exactamente qué postura tomaría Jesús en esos debates. Nuestro retrato posmoderno de Jesús privilegia siempre el atributo de la misericordia; nos encanta exaltar la gracia de Dios e intentamos pasar de largo todas esas referencias a la rectitud, la justicia y el juicio.

El Dios cristiano del relato posmoderno es tan inabarcable que por momentos nuestro credo se acerca mucho al agnosticismo. No tenemos el coraje de decir mucho sobre Él y por eso nuestra lectura de la Biblia se ha vuelto progresivamente más cautelosa y simbólica, o quizá, simplemente más incrédula. A menudo me pregunto si mis formas políticamente correctas de hablar de Jesús a un mundo que ya no reconoce absolutos representan un acto de humildad o una preocupante falta de fe.

Hay una tensión cada vez más evidente en nuestras iglesias. Aunque es cierto que no representa el espíritu del Evangelio, también es cierto que se ha ido configurando históricamente como una puja por momentos latente pero en ocasiones intensa. Sé que ponerlo en estos términos es bastante reduccionista pero creo que los extremos de esta tensión se pueden resumir en dos imágenes: un Jesús «progresista» (definido por su espíritu de reforma) y un Jesús «conservador» (entendido como el defensor de algunos valores tradicionales).

Mi generación suele preferir al Jesús «progresista», a quien identifica como el primer revolucionario, el que desafió el *statu quo* del templo de Jerusalén y de Roma. «Este Jesús» no tiene paciencia con los comerciantes de la fe ni con la corrupción de las autoridades religiosas y políticas, sino que emprende una denuncia profética en nombre de los menos favorecidos. Desde esta óptica, seguir su ejemplo significa sobre todas las cosas comprometerse con el cambio social: es luchar por hacer realidad ese ideal de justicia y paz que el Señor denominaba *Reino de Dios*.

Pero este recorte suele entrar en contradicción con ese Jesús «conservador» que no vino para quebrantar los mandamientos, sino para llevarlos a su cumplimiento. Pareciera que seguir a «este Jesús» es mantenerse al margen de las discusiones contemporáneas e identificarse con algunos valores tradicionales de la sociedad. Una conclusión lógica de esta posición subraya la identidad absolutamente espiritual de los creyentes; a menudo esto se traduce en considerar que estar involucrados en los asuntos terrenales es una pérdida de tiempo. El Reino de Dios es visto casi únicamente como una esperanza escatológica.

John Stuart Mill dijo que la gente suele estar en lo correcto en las cosas que afirma pero se equivoca en lo que niega. Cada uno de estos retratos de Cristo tiene algo de verdad e importancia para el mundo en el que vivimos pero cuando rechazamos el fragmento que menos nos identifica o conviene, nos acercamos peligrosamente a la autoidolatría. Estamos construyendo un Mesías a nuestra imagen y semejanza. El riesgo de usar a Dios como una excusa para justificarnos a nosotros mismos es una amenaza siempre latente. Si Jesús no es más que una bonita explicación a mis hipótesis previas, toda mi fe es una farsa.

La Primera carta de Juan describe el espíritu que se opone a Cristo (o sea, el del *anti-Cristo*) como aquel que no confiesa que el Verbo se hizo carne (4:3). Cuando san Jerónimo tuvo que traducir ese versículo al latín, cambió «oponer» por «disolver»: anticristo es «todo espíritu que disuelve a Cristo». Disolver al Señor, dividir su mensaje en mil pedazos, mezclarlo y diluirlo en el caldo del ego son marcas que delatan a un espíritu que está lejos de Cristo.

El equilibrio que más necesita la iglesia de hoy no se encuentra en la anulación de algunas verdades en favor de otras, sino justamente en el complemento que surge de estas verdades en tensión. Una cristología que se focaliza en uno o dos elementos y se olvida de lo demás no solo pierde contacto con el Jesús histórico, sino que también encuentra serios problemas a la hora de enfrentarse con la realidad. Aunque nos cueste lidiar con el carácter indomable de este Cristo que no entra en nuestras categorías, debemos resistir al impulso de desechar las verdades incómodas; nuestro Mesías extravagante no puede ser domesticado.

Si Jesús no hubiera vivido nunca, no hubiéramos sabido cómo inventarlo.

Walter Wink

AL CÉSAR LO QUE ES DE DIOS
Mecanismos de poder y estrategias teológicas de legitimación

> *Una de las mayores ironías de la historia de la Cristiandad es la de que sus líderes caen constantemente en la tentación del poder –poder político, militar, económico o moral y espiritual–, aunque siguen hablando en nombre de Jesús, que no se aferró a su poder divino, sino que se hizo uno de nosotros. La tentación de considerar el poder como un instrumento apto para la proclamación del Evangelio es la mayor de todas.*
>
> *Henri Nouwen*

Nietzsche llamó *Der Wille zur Macht* (la voluntad de poder) a la fuerza que mueve el mundo: el instinto humano de luchar para ver realizados los propios deseos. Esto puede ser entendido en dos sentidos. En primer lugar, que todos operamos en medio y por medio de relaciones de poder. Cada intercambio presupone lazos complejos en los que el poder es ejercido constantemente, incluso inconscientemente. Roland Barthes explica: «No solo en el Estado, las clases, los grupos, sino también las modas, las opiniones corrientes, los espectáculos, los juegos, los deportes, las informaciones, las relaciones familiares y privadas»[31]. Y Michel Foucault puntualiza: «No es una institución, y no es una estructura, no es cierta potencia de la que algunos estarían dotados: es el nombre que se presta a una situación estratégica compleja en una sociedad dada»[32]. Este enfoque ha sido un aporte fundamental de la filosofía posestructuralista. En un segundo sentido, hablar de voluntad de poder es referirse un poco más específicamente a lugares de autoridad, posiciones de reconocimiento, instancias de dominio o legitimación que sobresalen en una sociedad o contexto determinados. En las sociedades occidentales actuales, forjadas en el modelo

---

31. «El placer del texto», BARTHES 1986, p. 117.
32. FOUCAULT 1996, vol. I: *La voluntad de saber*, p. 113.

democrático, el liberalismo económico y el individualismo filosófico, este segundo enfoque del poder tiene muy mala prensa. La posmodernidad es parricida, dicen algunos: necesitamos sepultar a nuestros padres, tenemos la urgencia de rebelarnos ante toda figura de autoridad que se interponga entre nosotros y el cumplimiento de nuestros deseos.

Estos dos sentidos del término *poder*, uno más general y otro más particular, se confunden constantemente en los debates actuales. Admitimos sin inconvenientes que la vida en sociedad está atravesada por relaciones de poder pero desconfiamos automáticamente de las figuras de autoridad y las instituciones. Amamos ser personas con poder para afectar la realidad, reclamamos los derechos que nos garantizan ese poder, nos gusta ser sujetos empoderados y que empoderan a otros. Pero casi por ósmosis dudamos de los poderosos, desconfiamos de las intenciones de aquellos en posiciones de poder, nos sentimos impulsados a resistir a los que tienen *demasiado* poder (sean estos multinacionales, magnates o grandes instituciones). El poder en la paradójica cosmovisión posmoderna es, al mismo tiempo, un elemento invisible que se manifiesta naturalmente en toda relación, y un demonio opresor, verticalista y alienante. «Nadie cree realmente –dice Terry Eagleton– que «el poder esté en todas partes» en el sentido de que cualquier manifestación de éste es tan significativa como lo demás»[33].

La fe de Jesús ha perdido frente al mundo buena parte de su credibilidad. Cuesta conectar las palabras y hechos de Cristo con ese catálogo de vergüenzas al que llamamos *historia de la iglesia*. Dos milenios de cicatrices amplían y profundizan las heridas de nuestro Señor crucificado: las bibliotecas reducidas a ceniza, la caza de brujas, las Cruzadas, las guerras entre católicos y protestantes, la Inquisición, la conquista de América, la explotación colonial. Henri de Lubac sostiene que buena parte del *ateísmo* de nuestro tiempo es únicamente un *antiteísmo* derivado de un *anticristianismo*. La historia refleja nuestra incapacidad de ser testigos fieles del Maestro.

Alguien me contó una versión alternativa y paródica del relato del Éxodo. Después de escapar de Egipto, Moisés subió al monte Sinaí y tras varios días, volvió con los Diez Mandamientos. «Escucha, pueblo mío, –dijo Moisés– obedecerás las instrucciones de estas tablas de la Ley que te entrego hoy. Fueron escritas por el dedo de Dios». Un israelita desconfiado le respondió inmediatamente: «Un momento, Moisés, esa es tu letra».

Cada forma de poder cuenta con sus estrategias de legitimación: teorías, paradigmas, rituales, sistemas, símbolos, personas y jerarquías que justifican cierto funcionamiento de la sociedad. Las monarquías absolutas legitimaban su autoridad en el valor del linaje y la voluntad divina. Los dictadores justifican su rol en tanto protegen a la sociedad de la amenaza

---

33. EAGLETON 1997, p. 28.

del caos. La ciencia se legitima a sí misma por su análisis sistemático y frío de la realidad, mientras que los artistas suelen atribuir su valor a su carácter imprevisible, creativo y pasional. La democracia promete justicia y participación equitativa; el capitalismo se justifica en el valor del esfuerzo individual y la autorregulación del mercado.

¿Cuáles han sido las estrategias de legitimación que la iglesia ha adoptado en la historia? ¿De qué manera los cristianos explicaron al mundo y a sí mismos su función, su importancia y misión? ¿Hay algo en esa historia que nos permita analizar nuestras propias justificaciones y encontrar nuestros puntos ciegos? Una descripción detallada podría ser interminable. Me gustaría simplemente iluminar algunos momentos del pasado.

El giro constantiniano le cambió la cara al cristianismo. En el año 313, Constantino y Licinio firmaron el Edicto de Milán, que dio libertad de culto a la religión cristiana. Teodosio I convirtió después al cristianismo en la fe oficial del Estado con el Edicto de Tesalónica del año 380. Los cristianos pasaron en poco tiempo del martirio a la persecución de los paganos. Desde el principio, la fe de Jesús había calado hondo en las clases bajas de la sociedad pero la iglesia del siglo IV se vio de repente elevada a lugares de prestigio y poder. Eusebio de Cesarea, el gran historiador, veía en Constantino la llegada de una nueva y gloriosa época, conducida por la mismísima mano de Dios. Lejos quedaban la persecución y las catacumbas. Eusebio no podía saberlo pero el tiempo demostró que ninguna fe puede imponerse. La cristianización del Imperio significó también el comienzo de lo que Tolstoi denominó *paganismo de iglesia*.

Cuando cayó el Imperio Romano de Occidente en el siglo V, las estructuras políticas que habían moldeado la sociedad se desintegraron. La desaparición de Roma dejó un vacío que el cristianismo terminó por llenar. Ninguna otra institución pudo ofrecer una identidad moral tras las invasiones bárbaras. La iglesia se convirtió en el elemento aglutinador que el Medioevo necesitaba. Este rol implicó, con el tiempo, una institución cada vez más poderosa, más rica y universal. Todo el orbe miraba a la iglesia con fascinación: era la fe de todos los ciudadanos, la única institución que había sobrevivido al colapso del mundo conocido. Pertenecer a la sociedad significaba ser cristiano y ser cristiano significaba pertenecer a la sociedad. Esta particular situación histórica fue el germen de un estilo de vida que atravesó más de un milenio. Es lo que se conoce como *societas christiana* o *cristiandad*: el matrimonio entre el orden natural y el orden espiritual, entre la iglesia y el Estado, hasta el punto en el que se hace imposible distinguir uno del otro. Fue el Reino de los cielos en la tierra, o al menos eso pensaban sus fervientes defensores. «*Mi reino no es de este mundo*», dijo explícitamente Jesús en Juan 18, pero esas palabras no tenían cabida en el tipo de legitimación que la cristiandad necesitaba.

Colón llegó a América en 1492. La libertad del último país americano, Cuba, fue conquistada más de cuatro siglos después. La opresión europea sobre el Nuevo Mundo fue tan prolongada y eficiente que nuestras tierras quedaron vacías de oro, de sus habitantes originales y de autoestima. La herida del continente sigue abierta. La conquista fue realizada a punta de espada y bajo el símbolo de la cruz. La parábola de la gran fiesta de Lucas 14 se usó como argumento para obligar a la fe: «Ve entonces por los caminos y por los atajos, y *hazlos entrar por la fuerza*. ¡Quiero que se llene mi casa!» (vs. 23, RVC; la cursiva es mía). Antes de cada conquista militar y bajo la supervisión de un escribano, los capitanes leían a los nativos la siguiente «invitación» al Evangelio, llamada *Requerimiento*:

> Con la ayuda de Dios yo entraré poderosamente contra vosotros y os haré guerra por todas las partes y manera que yo pudiere, y os sujetaré al yugo y obediencia de la iglesia y de Su Majestad y tomaré vuestras mujeres y hijos y los haré esclavos, y como tales los venderé, y dispondré de ellos como Su Majestad mandare, y os tomaré vuestros bienes y os haré todos los males y daños que pudiere[34].

La fe cristiana fue un condimento esencial del colonialismo en Latinoamérica. Los teólogos y sacerdotes le pusieron palabras y estructura al sistema colonial. Era necesario que la religión diera argumentos sólidos que justificaran estos procesos políticos, económicos y sociales. Los crímenes más horrendos e inexplicables se perpetuaron por siglos bajo el amparo del bondadoso nombre de Jesús. La iglesia legitimó la esclavitud y el exterminio de los pueblos originarios y la justificación fue que los indígenas necesitaban tutela. Eran como niños que no sabían qué hacer con sus vidas, que necesitaban que el blanco les enseñara, los protegiera y los civilizara, con mano dura, de ser necesario. Fue el tiempo del genocidio de América, en que «nuestros predicadores les tomaron el oro y las mujeres y los hijos y los demás bienes, y los dejaron con el nombre de bautizados»[35].

Todas las formas de ejercicio del poder tienen sus estrategias de legitimación: argumentos y estructuras que dan sentido y orden a las prácticas. La trampa más visitada de la historia de la iglesia ha sido creernos reyes de un reino de otro. Los pecados de los inquisidores y los colonizadores, de los herederos de Constantino o los representantes de la cristiandad nos golpean tan fuerte porque manifiestan de una forma evidente la tentación de darle al César lo que es de Dios, de usar los recursos y la autoridad del Reino de Dios como si fueran nuestros.

---

34. GALEANO 2004, p. 29.
35. Gonzalo Fernández de Oviedo, citado en GONZÁLEZ 1995, vol. VII, p. 102.

Aunque estos ejemplos brutales son suficientemente elocuentes, lo verdaderamente difícil es aplicar esta vara a nuestras propias prácticas, estrategias de legitimación y estructuras. Aplicarla al pastor, al líder o al sacerdote, claro está, pero también (y con mucha más humildad) a nosotros mismos. Las ansias de poder corren por las venas de este imperfecto Cuerpo de Cristo. No solo los responsables, los ministros, los cardenales, obispos o apóstoles se ven seducidos por el poder. Todos nos sentimos dueños de algo y perpetramos diariamente nuestra rebelión contra el Señor de todas las cosas. No importa si ese territorio es mi propia vida o la de mi círculo íntimo, si es mi familia o mi comunidad, mi ministerio o mis proyectos personales. De una u otra forma, siempre me siento señor de algo. Protegemos con uñas y dientes nuestros reinos y nos sentimos intimidados cuando las ansias de poder de otro tirano interfieren con las nuestras. Cada pecador es un rebelde que le roba a Dios lo que solo a Él le pertenece. Un pastor dominante, una institución corrompida y un discípulo egoísta comparten el mismo pecado; lo único que cambia es el alcance de la rebelión.

¿Por qué nos organizamos de una forma y no de otra? ¿Cómo nos relacionamos con el poder de turno, la estima social o las riquezas? ¿De qué manera legitimamos nuestra autoridad, roles y puestos en la iglesia? ¿Desde dónde explicamos nuestras decisiones éticas? ¿De qué manera me beneficia elegir cierta interpretación de la Biblia por encima de otra? C. S. Lewis notó que es muy fácil entregarnos a la voluntad de Dios cuando esa voluntad coincide con la nuestra[36]. El cristianismo no ignora la existencia de relaciones atravesadas por el poder y el deseo pero resuelve la ecuación de una forma sorpresiva. En el lenguaje del Evangelio, *poder* se pronuncia *servicio*. Es una afirmación paradójica, absurda, aprendida a los pies del Maestro.

> Ustedes saben que los gobernantes de este mundo tratan a su pueblo con prepotencia y los funcionarios hacen alarde de su autoridad frente a los súbditos. Pero entre ustedes será diferente. El que quiera ser líder entre ustedes deberá ser sirviente, y el que quiera ser el primero entre ustedes deberá convertirse en esclavo. Pues ni aun el Hijo del Hombre vino para que le sirvan, sino para servir a otros y para dar su vida en rescate por muchos (Mt. 20:25-28).

No hay iglesia victoriosa fuera de esas pisadas. Cristo conquistó una gloria incomprensible no en la entrada triunfal, sino en el calvario. La legitimidad que resiste al paso del tiempo se llama entrega. Cuando nuestra lealtad al Señor se levanta por encima de nuestras inclinaciones, sobre todo cuando la voluntad de Dios duele, podemos encontrar mayor seguridad de la obra divina en nosotros.

---

36. LEWIS 1977b, p. 98ss.

Cuando la iglesia es cegada por el poder, las riquezas o la ambición de un reino sobre la tierra, se encamina al fracaso más vergonzoso. Pero cuando entiende que su Señor fue crucificado y elige seguirlo y abrazar su cruz, la muerte se convierte en victoria. Dios se encarga de resucitar a los que entregan su vida sirviéndolo a Él y a los demás.

> *La sinceridad no basta para actuar bien, pues el poder ciega a los poderosos de tal manera que pueden cometer los más terribles atropellos sin que, por lo que se percibe, sus conciencias sean molestadas.*
>
> **Justo González**

ABRACADABRA
Cuando el nombre de Dios se usa como un artilugio mágico

> *Ya dejen de usar esta frase: «Una profecía del Señor». La gente la usa para darle importancia a sus propias ideas.*
> **Jeremías 23:36**

El filósofo argentino José Pablo Feinmann sostiene que cada vez que nos apropiamos de algo, hacemos tarea hermenéutica. Cuando explicamos una idea, cuando enunciamos una noticia o un hecho histórico, incluso cuando usamos las palabras más neutrales, siempre lo hacemos organizando y clasificando la información, le damos estructura y propósito. «La tarea hermenéutica –dice Feinmann– confiere un sentido a los hechos, los ubica como partes de una totalidad, conceptualizándolos»[37]. Todos somos hermeneutas de nuestra vida y circunstancias. En el acto mismo de vivir nuestra vida, la estamos modificando: recortamos la realidad, hacemos juicios de valor, ponemos énfasis en algunas cosas e ignoramos otras.

Todas las épocas creen leer la Biblia correctamente. Esta no es una falencia de los cristianos únicamente, es una prerrogativa muy humana: necesitamos sentir que nuestra vida tiene sentido, que nuestras acciones no son pura manifestación del azar, que podemos trascender la irrelevancia y las rejas de la temporalidad. La búsqueda de sentido no se restringe al ámbito de la religión o ciertas ideologías, sino que sucede más allá y más acá de nuestros deseos y conciencia. Como anotó Viktor Frankl[38], esta búsqueda se esconde en todo tipo de sentimientos, ideas y experiencias.

La historia está llena de personajes como nosotros, a mitad de camino entre la complacencia y la crisis. Los veinte siglos de la iglesia están poblados de héroes de la fe y apóstatas, profetas y herejes, y muchas veces es difícil poder ponerle rótulos definitivos a esas vidas que, como las nuestras, son complejas y frágiles. Ítalo Calvino dijo que cuando miramos el pasado

---

37. FEINMANN 1986, p. 15.
38. Cf. FRANKL 1979.

debemos tener piedad histórica. Porque, a fin de cuentas, ¿quién sabe lo que dirán las generaciones futuras sobre nosotros? ¿Cómo juzgarán nuestros actos o, peor aún, nuestras intenciones?

Por vanidad o ignorancia, por ambición, por contexto o por el motivo que fuere, muchos han encontrado en las enseñanzas de Jesús un excelente medio para imponer su autoridad. Son prácticas que convierten al Evangelio, en palabras de Flaubert, en una religión de las conveniencias. Parece el *modus operandi* del ansia de poder: censurar lo incómodo, recomendar lo provechoso, excomulgar lo diferente. Los embajadores y embajadoras de Cristo han usado demasiadas veces su influencia para alcanzar una gloria que no es la de Dios.

Entre la multitud de formas que adopta el egoísmo, hay una que nunca pasa de moda. Me gusta llamarla *el artilugio Dios*: utilizar su nombre como una estrategia de legitimación, un mecanismo para ejercer influencia, un artificio misterioso que otorga autoridad a quien lo invoca. Frases como «es la voluntad de Dios», «es la palabra de Dios» o «Dios me dijo» han sido usadas para legitimar casi cualquier cosa: la conquista de América y las Cruzadas, el régimen nazi y la invasión a Irak, pero también noviazgos y matrimonios, viajes y promesas, el tipo de ropa que conviene usar o la forma de la liturgia. Casi puedo imaginarme a Jesús repitiendo en un sinfín de contextos diferentes esas mismas palabras que usó en Lucas 12:14: «Amigo, ¿quién me puso por juez sobre ustedes para decidir cosas como esa?». En lo cotidiano y lo extraordinario, en todo tipo de doctrinas y prácticas, el *artilugio Dios* ha servido para atacar la conciencia, para cerrar las discusiones o avivar la culpa. Incluso algunas aberraciones teológicas se convierten, al pasar por este filtro, en la voz divina.

Al igual que los reyes de la antigüedad, algunos personajes de la iglesia de hoy usan este método para proclamar que sus opositores son enemigos de Dios, herejes, pecadores o al menos ignorantes. Aunque los ejemplos podrían ocupar un buen número de páginas, quiero quedarme solamente con uno: la validación que se otorga a ciertos dones, talentos y ministerios. Dios, en su multiforme gracia, ha equipado a la iglesia con todo tipo de regalos; en el vocablo del Nuevo Testamento, estos regalos se llaman *charismata*, de donde derivamos la palabra *carisma*. Todos estos obsequios de la gracia existen en función del crecimiento, la salud y la misión de la iglesia, que es agente del Reino de Dios.

Al escribir a la iglesia de los corintios, una comunidad llena de carismas, Pablo insistió fuertemente en que ningún don es más importante que el amor. Quizá lo hizo porque sabía que algunos de estos regalos roban fácilmente el protagonismo: el don de sanidad o milagros, los dones de profecía, sabiduría o discernimiento, el carisma de las lenguas o su interpretación. El elemento sobrenatural y exótico de estos regalos suele generar una sensación de respeto o incluso temor. El don se va convirtiendo entonces en un rol, en un tipo de autoridad especial. Los que manifiestan estos dones más inusuales son percibidos como sujetos extraordinarios, más cercanos a la presencia de Dios y a su voluntad.

Basta mirar algunas invitaciones o publicidades de los eventos más convocantes de la iglesia evangélica de hoy para notar una constante: ser pastor, profeta, misionero o apóstol está de moda. Es el escalón más alto de la espiritualidad de muchas personas. En muchos círculos se fomenta el deseo de ser únicos, de tener una conexión exclusiva con el cielo que nos ponga por encima del resto de los cristianos. Las figuras de Moisés, Abraham, David y Elías son las más usadas para remarcar este camino individual de santidad y poder. La distancia entre estos sujetos y «el resto» convierte a estos últimos en seres pasivos, que deben recurrir a los elegidos para saciar sus necesidades espirituales. La culpa se reparte entre haraganes y aprovechadores; el escenario está montado para que los pararrayos divinos puedan usar frases como «es la visión de Dios», «Dios me dijo» o «el Espíritu me reveló» sin que suenen exageradas. Y aunque es posible que el Señor, en su misericordia, utilice estos métodos, lo cierto es que la repetición sistemática de conceptos como estos en un grupo de personas termina siendo casi un cheque en blanco. Si el mecanismo logra perpetuarse, cada vez se vuelve más irrelevante escuchar otras opiniones, dar espacio a otros carismas o probar otras estructuras. El creyente deja de ser prójimo y sacerdote para volverse consumidor.

Según Roland Barthes, la *tópica* es una reserva de argumentos que utilizamos cuando queremos justificar algo. Es como una bolsa de ideas aprendidas y construidas no siempre de manera metódica o coherente que nos sirven para darle forma al mundo y explicar todo tipo de situaciones. Un ejemplo lo puede explicar bien: antes de las dos Guerras Mundiales, el antisemitismo fue una tópica en buena parte de los países involucrados en los conflictos. Cualquier hecho delictivo, problema económico, falencia cultural, malestar civil o inestabilidad social podía ser conectado con los judíos: la forma en la que manejaban el dinero, sus rituales o tradiciones, los defectos de sus referentes o su historia. De una forma u otra, los judíos siempre tenían la culpa. En los primeros siglos de nuestra era, para poner otro ejemplo, los cristianos tuvieron que tolerar prejuicios similares; desde prender fuego a la ciudad de Roma hasta el canibalismo, todo era creíble para la prejuiciosa opinión pública de los romanos.

De igual forma, aunque no siempre de manera tan evidente, otras tópicas aparecen a menudo en nuestros argumentos. Pueden tener un trasfondo político, económico o cultural: que el daño ambiental es el cáncer que está matando al mundo; que los latinos, los negros, los orientales o los rusos son –según el caso– los responsables de los problemas de la sociedad; que la pobreza de contenidos de la televisión es la causa detrás de la decadencia de la cultura occidental; etc. La tópica, claro está, también se manifiesta en la vida espiritual. Un sinfín de circunstancias complejas y diversas se vuelven más accesibles y fáciles de explicar cuando las metemos en una misma bolsa. Una de esas bolsas es el *artilugio Dios*.

Martín Buber dijo que la palabra «Dios» es la más cargada de todas las palabras humanas; «no podemos presentar el término 'Dios' en toda su pureza, no lo podemos producir en toda su integridad, sino solamente levantarlo de la tierra y, manchado y lacerado como está, elevarlo sobre una hora de grave pena»[39]. Hasta el día de hoy, los judíos toman muy en serio esa antigua prohibición que también aparece en la Biblia cristiana: no tomarás el nombre de Dios en vano. Prefieren usar metáforas, metonimias y eufemismos antes que asociar su santo nombre con sus propias bajezas y miserias. Quizá exista en ese viejo mandamiento una clave secreta para encontrar la salud de esta iglesia rodeada de palabras, discursos y voces.

El término «Dios» no es nunca neutro.
Vincenzo Paglia

---

39. Citado en PAGLIA 1998, p. 131.

CALLES DE ORO
La esperanza eterna y el filtro de la subjetividad

> *Si las vacas creyeran en un dios, este con seguridad tendría cuernos.*
>
> **Honoré de Balzac**

Eclesiastés afirma que la esperanza de trascender es obra de Dios, quien sembró «la eternidad en el corazón humano». Dentro y fuera de la fe cristiana, incluso al margen de toda religión organizada, existe una pulsión hacia lo infinito. Como reconoció Eugène Ionesco –uno de los referentes del teatro del absurdo–, «no existen civilizaciones ni culturas que no manifiesten, en una o mil maneras, esta necesidad de un absoluto que es llamado cielo, libertad, un milagro, un paraíso perdido al que se debe volver a ganar, paz, más allá de la historia»[40].

Esta esperanza de trascendencia late especialmente fuerte en la fe cristiana. Los creyentes aguardamos ardientemente la redención de todas las cosas, la culminación de la espera, la liberación completa, la realidad definitiva. «Deseamos con una esperanza ferviente que llegue el día en que Dios nos dé todos nuestros derechos como sus hijos adoptivos, incluido el nuevo cuerpo que nos prometió» (Rm. 8:23). Si quitamos ese factor, nuestro edificio teológico se cae a pedazos; no en vano Pablo decía: «Si nuestra esperanza en Cristo es solo para esta vida, somos los más dignos de lástima de todo el mundo» (1 Co. 15:19).

La misma esperanza, sin embargo, se manifiesta en diferentes personas y momentos de maneras muy distintas. Nuestro contexto histórico, nuestra percepción individual y nuestras necesidades moldean nuestras expectativas, nos enfocan de diferentes maneras en la cuestión eterna. Esto no significa que nuestra esperanza sea mera ilusión ni que esté totalmente infundada. Significa que cada uno completa con sus propios

---

40. *Present past past present*, citado en YANCEY 2005, Op. Cit., p. 165.

anhelos el panorama de la vida eterna; significa también que a menudo asociamos nuestra esperanza con algunos pasajes e imágenes de las Escrituras y no con otros.

Los occidentales identificamos la vida eterna con el cielo, con una realidad absolutamente distinta, perfectamente uniforme e inmóvil. La vemos así, probablemente, porque la muerte es para nosotros una ruptura absurda. Incluso aquellos que creemos en el más allá, vemos la eternidad como algo que empieza recién después del abismo de la muerte. Una percepción como esta es extraña y hasta inexplicable para muchos pueblos originarios, que ven en la muerte simplemente una continuidad de la vida. Para los quechuas, por ejemplo, la eternidad no es algo estático sino movimiento, crecimiento, dinamismo; la palabra que usan para eternidad es *huiñay*, y el símbolo con el que la representan es un árbol.

En diferentes pasajes, la Biblia presenta a la vida eterna como un espacio de paz infinita, armonía, equilibrio y sosiego. Quizá el ejemplo más claro sea el capítulo 11 de Isaías:

> En ese día el lobo y el cordero vivirán juntos, y el leopardo se echará junto al cabrito. El ternero y el potro estarán seguros junto al león, y un niño pequeño los guiará a todos. La vaca pastará cerca del oso, el cachorro y el ternero se echarán juntos, y el león comerá heno como las vacas. El bebé jugará seguro cerca de la guarida de la cobra; así es, un niño pequeño meterá la mano en un nido de víboras mortales y no le pasará nada. En todo mi monte santo no habrá nada que destruya o haga daño, porque así como las aguas llenan el mar, así también la tierra estará llena de gente que conocerá al Señor (vs. 6-9).

La esperanza de una eternidad con esas características fue especialmente sentida en el Renacimiento. Los ricos y nobles comenzaban a sentir el crecimiento agobiante de las ciudades. La percepción del tamaño de la Tierra y del universo cambiaba abruptamente con el descubrimiento de América y los hallazgos de Copérnico. Es un momento crítico en la historia de la cultura occidental, un momento bisagra entre la estructura medieval en retroceso y el avance de un nuevo paradigma, el de la modernidad. Una de las respuestas que pudieron esbozar ante tal desequilibrio fue la evasión hacia un lugar de pastos verdes, aires templados, ríos apacibles y pájaros cantores. La literatura de la época floreció con el apogeo de los géneros bucólico y pastoril, que retratan la serenidad de una vida rural, alejada de las preocupaciones y el frenesí de las ciudades; las *Églogas* de Garcilaso de la Vega son un buen ejemplo de estas producciones. Los pastores y campesinos de estos poemas son seres inocentes, en armonía con la naturaleza, casi como Adán y Eva antes de la Caída. Cuando Colón llegó a América, creyó encontrar el Paraíso terrenal. Sus descripciones del Nuevo Mundo, sobre todo las del Tercer

Viaje, se parecen mucho a las producciones bucólicas de la época. Colón creyó que América era el Paraíso y las palabras que utilizó para describirlo son muy similares a las del ideal renacentista del espacio bucólico.

Otro ejemplo llamativo es el de la ciudad. La Biblia menciona en varias oportunidades que la vida eterna es como una ciudad en la que Dios es rey. A lo largo del Antiguo Testamento, Jerusalén es mencionada como imagen de la ciudad celestial, la Nueva Sion. En el libro de Hebreos se habla de «una ciudad de cimientos eternos, una ciudad diseñada y construida por Dios» (11:10), se habla de la ciudad que Dios construye para aquellos que anhelan una patria mejor (11:16) y también se dice que «no tenemos una ciudad permanente, sino que buscamos la ciudad venidera» (13:14, NVI). En Apocalipsis encontramos una síntesis de las imágenes de ambos Testamentos; el último libro de la Biblia describe a «la ciudad santa, la nueva Jerusalén, que descendía del cielo desde la presencia de Dios, como una novia hermosamente vestida para su esposo» (21:2). La metáfora de la ciudad ha sido recuperada numerosas veces en la historia de la iglesia; probablemente la más notable sea la *Ciudad de Dios* de San Agustín, un tratado que intenta dar sentido a la caída de Roma por mano de los bárbaros. Pero resulta llamativo que, entre todas las metáforas que ofrecen las Escrituras para hablar de la vida eterna, sea la imagen de la ciudad la que ha predominado en el imaginario cristiano de los últimos siglos. Hasta en la escuela dominical se suele enseñar que la vida eterna o el cielo son como una ciudad en la cual cada uno tendrá su propia casa, más o menos lujosa (dependiendo de sus méritos y buenas obras). Esta expectativa permite escuchar, como un eco, el espíritu de la modernidad, la influencia del urbanismo y de la sociedad de consumo, la ética del capitalismo que otorga a cada uno premios diferentes.

También existen en la Biblia algunas referencias a un cielo nuevo y una tierra nueva. Apocalipsis 21 y Segunda de Pedro 3 presentan esta nueva realidad más allá del pecado, el dolor y la muerte, un sitio en el que los redimidos seremos mayordomos y constructores de la Nueva Creación. Isaías pone el siguiente mensaje en boca de Dios:

> Estoy creando cielos nuevos y una tierra nueva, y nadie volverá siquiera a pensar en los anteriores. Alégrense; regocíjense para siempre en mi creación. […] En esos días, la gente habitará en las casas que construya y comerá del fruto de sus propios viñedos. A diferencia del pasado, los invasores no les quitarán sus casas ni les confiscarán sus viñedos. Pues mi pueblo vivirá tantos años como los árboles, y mis escogidos tendrán tiempo para disfrutar de lo adquirido con su arduo trabajo. No trabajarán en vano, y sus hijos no estarán condenados a la desgracia, porque son un pueblo bendecido por el Señor, y sus hijos también serán bendecidos (65:17,18,21-23).

Aunque la visión de Isaías describe una realidad común de los redimidos, son los emprendedores quienes se sienten más identificados con ese destino eterno. Más que el descanso o la liberación de todo dolor, la promesa de una nueva realidad por construir es particularmente gratificante para los que encuentran su realización en proyectos y actividades.

Un amigo me confesó en una ocasión que no estaba seguro de querer salvarse. Amaba a Jesús pero la idea de pasarse toda la eternidad cantando «Santo, Santo, Santo» entre nubes y arpas le parecía eternamente aburrida; le recordaba demasiado a la tediosa liturgia de su iglesia. Las alabanzas celestiales junto a los coros de ángeles y la multitud de redimidos aparecen repetidamente en Apocalipsis (5:11, 7:9-15, 19:1-8). Pero esta imagen litúrgica interpela mayormente a las almas contemplativas, a quienes disfrutan de los rituales y los tiempos de culto comunitario, y no representa las expectativas de todos los santos; este era el caso de mi confundido amigo.

El mundo presente, incompleto y caído, es la antesala del gozo venidero, por eso la Palabra afirma que los creyentes son *extranjeros y peregrinos* (Hb. 11:13, 1 P. 2:11). Ningún placer terrenal puede ahogar la sed de trascendencia, no hay optimismo presente que logre silenciar del todo el clamor de un mundo injusto. La promesa divina de quitar toda lágrima y eliminar la injusticia es uno de los temas centrales a lo largo de las Escrituras. El escritor de Hebreos celebra la vida de aquellos que sufrieron con gozo el despojo de sus bienes por causa de la esperanza celestial. Pedro escribió: «Nosotros esperamos con entusiasmo los cielos nuevos y la tierra nueva que él prometió, un mundo lleno de la justicia de Dios» (2 P. 3:13). Todas las personas sufren la injusticia en carne propia pero no todas la sienten con la misma intensidad. La voz de los mártires de Apocalipsis resuena todavía: «Oh Señor Soberano, santo y verdadero, ¿cuánto tiempo hasta que juzgues a la gente de este mundo y tomes venganza de nuestra sangre por lo que nos han hecho?» (6:10). Pablo también oraba en medio de su angustia y decía:

> Por todos lados nos presionan las dificultades, pero no nos aplastan. Estamos perplejos pero no caemos en la desesperación. Somos perseguidos pero nunca abandonados por Dios. Somos derribados, pero no destruidos. [...] Pues nuestras dificultades actuales son pequeñas y no durarán mucho tiempo. Sin embargo, ¡nos producen una gloria que durará para siempre y que es de mucho más peso que las dificultades! Así que no miramos las dificultades que ahora vemos; en cambio, fijamos nuestra vista en cosas que no pueden verse. Pues las cosas que ahora podemos ver pronto se habrán ido, pero las cosas que no podemos ver permanecerán para siempre (2 Co. 4:8,9,17,18).

Yo crecí en un pueblo pequeño, rodeado de campos de trigo, vacas y cerdos. En la iglesia de mi infancia, en la que se congregaban algunas de las familias más pobres del lugar, un viejo coro de tres acordes hacía vibrar muy fuerte la esperanza: «Quiero andar las calles de oro con Jesús», decía. Estas palabras brindaban un consuelo profundo a esos feligreses de ropas gastadas, que celebraban con una guitarra sin amplificación, en un salón de chapa, sobre un piso de tierra y loza.

La Biblia también nos promete que en la vida eterna hallaremos finalmente descanso, una promesa especialmente reconfortante para aquellos que no lo encuentran en la tierra y ven en la muerte una puerta hacia la ansiada nueva vida. «Y a ustedes que sufren, les dará descanso, lo mismo que a nosotros. Esto sucederá cuando el Señor Jesús se manifieste desde el cielo entre llamas de fuego, con sus poderosos ángeles» (2 Ts. 1:7, NVI). Apocalipsis también repite: «De aquí en adelante, bienaventurados sean los que mueren en el Señor. Y el Espíritu dice: 'Sí, porque así descansarán de sus trabajos, pues sus obras los acompañan'» (Ap. 14:13, RVC).

The Wayfaring Stranger (El extraño viajero) es un precioso clamor por esa tierra prometida en la que no habrá dolor. Por ser una canción tradicional, tanto la letra como la música tienen muchas variaciones. Una infinidad de artistas han hecho sus propias versiones de la misma: Joan Baez, Joni Mitchell, Frankie Laine, Emmylou Harris, Johnny Cash, Ed Sheeran, Neil Young, Jack White, Eva Cassidy, Trace Adkins, etc. Los orígenes de la canción son inciertos, se pierden en los comienzos del siglo XIX, pero casi se puede escuchar el ritmo de su nacimiento: entre las estrofas parecen resonar las voces de los esclavos afroamericanos bajo el sol ardiente y los latigazos en las plantaciones de algodón. Es el testimonio en primera persona de un extraño y pobre viajero que atraviesa penosamente un mundo desolado en su camino a casa: una tierra sin enfermedades, sin fatiga ni peligros. Allí, del otro lado del Jordán, se encontrará con su padre, su madre y sus hermanos, y podrá finalmente dejar de vagar.

Apocalipsis presenta una lucha encarnizada entre las fuerzas de las tinieblas, guiadas por Satanás, y las fuerzas de la luz, comandadas por el Cristo encarnado, crucificado, resucitado y glorificado. El objetivo del libro es alentar a los creyentes que sufren todo tipo de tribulaciones y recordarles quién es el vencedor de la historia. El libro comienza con una serie de mensajes a iglesias del Asia Menor. Estas siete cartas han sido entendidas de varias formas: como mensajes dirigidos específicamente a esas iglesias y en ese momento, como tipologías de la vida espiritual y hasta como una profecía velada sobre las etapas de la historia de la iglesia. Cada una de las cartas cierra con una promesa dada por el Cristo vencedor a los que permanecen y vencen sobre sus tribulaciones. Las promesas están llenas de simbolismos y metáforas, una característica típica del género apocalíptico. Pero debajo de los símbolos se puede leer una constante: el premio de los vencedores es un trofeo relativo a la victoria conseguida, las promesas están relacionadas directamente con las situaciones concretas de las diferentes iglesias. Los efesios, perseverantes y rectos, habían descuidado lo más importante: la vitalidad espiritual, el amor sincero que los había movido al principio. La promesa para esta comunidad fría es justamente una eternidad llena de vida junto a la presencia de Dios. La iglesia de Esmirna sufría acoso y persecución; algunos de sus miembros conocían la cárcel e incluso el martirio. Cristo les promete a ellos que después de ese sufrimiento ya no habría más llanto. La promesa de la iglesia de Pérgamo resalta lo especial del premio: maná escondido en el cielo, una piedra que contiene un nombre secreto y nuevo, solo conocido por el vencedor. Esta esperanza era particularmente relevante para una iglesia que vivía «en la ciudad donde Satanás tiene su trono», donde el trigo y la cizaña eran difíciles de distinguir, donde «la enseñanza de Balaam» y la secta de los nicolaítas habían debilitado la sana doctrina, la obediencia y la integridad. Tiatira, la cuarta iglesia, era prisionera de las enseñanzas de «esa Jezabel que se llama a sí misma profetisa»; buena parte de la iglesia había caído bajo su peligrosa autoridad aunque algunos todavía se oponían con firmeza a sus falsas enseñanzas. Los vencedores de esta iglesia reciben autoridad, verdadera autoridad, para romper «como si fueran ollas de barro» las obras de maldad. A Sardis se le promete que recibirá vestidos blancos –es decir, que serán santificados– y que su nombre no sería borrado del libro de la vida –una forma de afirmar la seguridad de la salvación y la vida eterna–. Estas son imágenes muy adecuadas para desafiar la fe de una iglesia a punto de morir, convertida en un cadáver de lo que un día fue, embarrada por el pecado, cómoda con su pasado y su buen nombre. La iglesia de Filadelfia era débil pero fiel; había perseverado en la adversidad y había resistido al embate de los judaizantes. Su frágil obediencia es recompensada con autoridad e identidad: los vencedores serán poderosas columnas en la Nueva Jerusalén y llevarán el nombre de su Dios. Laodicea, la última de las siete iglesias, es tibia, pobre y miserable. Su vanidad es vergonzosa y por eso la promesa para aquellos que logran vencer la indiferencia es dejar atrás la vergüenza y compartir la gloria del Cordero, junto al trono de Dios.

El recorrido por las cartas a las siete iglesias deja entrever que la Biblia misma reconoce que nuestras expectativas sobre la vida eterna están llenas de matices tomados de nuestro entorno, personalidad, experiencias, gustos y necesidades. Cada uno de nosotros visualiza la misma recompensa de maneras muy diferentes. Queda latente, sin embargo, un peligro muy real: que convirtamos a Dios en nuestros gustos, o peor aún, que elevemos nuestras necesidades al lugar de Dios.

La eternidad es también aquel lugar en el que las preguntas encontrarán solución. Allí tomarán sentido el absurdo, las tragedias, el dolor inexplicable y las frustraciones, entenderemos por qué Dios actuó de ciertas formas y permitió tantas cosas terribles. La Biblia habla del proceso a través del cual nos vamos renovando hasta el conocimiento pleno (Col. 3:10), y que un día llegaremos a un tiempo sin maldición (Ap. 22:3); allí Dios «tomará nuestro débil cuerpo mortal y lo transformará en un cuerpo glorioso, igual al de él» (Flm. 3:21). Para mí esta promesa, quizá más que ninguna otra, encierra buena parte de mi esperanza; es como un bálsamo para aquellos que nos hemos chocado una y otra vez con el absurdo de la vida. Los que luchamos para encontrar el sentido ansiamos el momento en el que caerán las vendas, aquel instante en el que «veremos todo con perfecta claridad» y conoceremos, finalmente, tal como fuimos conocidos (1 Co. 13:12). En ese día glorioso, la esperanza se dará por satisfecha y podremos romper finalmente los espejos.

> *Cualquier discurso que hagamos sobre Dios, sobre nuestro comienzo y nuestro fin, sobre nuestra culpa, no expresa jamás la cosa misma, sino siempre y solamente imágenes. Es Dios mismo quien en cada caso, a través de las antiguas imágenes mágicas como a través de nuestros conceptos tecnificados, debe dirigirse a nosotros, debe instruirnos, para que podamos entender.*
>
> **Dietrich Bonhoeffer**

LA REVELACIÓN COMPLETA
Muchos senderos para recorrer un solo camino

> El instinto del Cristianismo es alegrarse de que Dios haya quebrado el universo en pequeños trozos, porque son trozos vivientes.
>
> G. K. Chesterton

La Biblia es como un chat, una especie de historial de conversaciones entre el Creador y sus criaturas. «Dios habló muchas veces y de diversas maneras a nuestros antepasados» (Hb. 1:9), se ha dado a conocer a todos los seres humanos (Jn. 1:9) y por eso no tenemos excusa para justificar nuestra indiferencia (Rm. 1:20). Dios dejó su huella en la naturaleza (Rm. 1:18-23, Hch. 14:15-17, Sal. 19:1,2) y en la conciencia humana (Rm. 2:12-16, Ecl. 3:11). Todos los seres humanos –dice C. S. Lewis– «permanecen condenados por igual y esto no por extraños códigos de ética, sino por sus propios códigos. Por lo tanto todos están conscientes de culpa»[41].

En la cárcel, atormentado por la contradicción entre sus expectativas y la realidad, Juan el Bautista formuló una pregunta crucial: «¿Eres tú el Mesías a quien hemos esperado o debemos seguir buscando a otro?» (Lc. 7:20). Su conflicto resuena en los evangelios por varios motivos. En parte porque la duda del más grande de los profetas tiene algo de incomprensible; en parte porque su vacilación es un reflejo de las crisis de todos los seguidores de Cristo.

El Nuevo Testamento intenta responder a la pregunta del Bautista de manera definitiva. Pablo afirma sin temor: «En Cristo habita toda la plenitud de Dios en un cuerpo humano» (Col. 2:9). Hebreos afirma que toda la historia del diálogo entre Dios y la humanidad llegó a un punto crucial con la encarnación de Cristo, su Hijo, quien «irradia la gloria de Dios y expresa el carácter mismo de Dios, y sostiene todo con el gran poder de su palabra» (1:3). Juan también se esfuerza en demostrar que Jesús es «el único Dios verdadero»

---

41. LEWIS 1977b, Op. Cit., p. 19.

(1 Jn. 5:20) y que no hay posibilidad de entrar en relación con Dios al margen de las enseñanzas de su Hijo (2 Jn. 9). «El Cristo que no fuese la única revelación plena –escribió Giacomo Alberto Cuttat– no sería el Cristo»[42]. Los cristianos creemos que ningún profeta ni charlatán puede adjudicarse el derecho de decir nuevas palabras de parte de Dios que no se sometan a esa revelación.

Borges afirmó con lucidez que «en materia teológica no hay novedad sin riesgo»[43], y la Biblia es taxativa al respecto de la enseñanza de nuevas verdades. Pablo invoca la maldición de Dios sobre los que predican una Buena Noticia al margen de la centralidad de Cristo (Ga. 1:6-9). Apoyar a quienes no enseñan la verdad sobre quién es Cristo es ser cómplice de sus malas acciones (2 Jn. 10,11). El libro de Apocalipsis, luego de mostrar a Cristo como el vencedor y Señor absoluto de la historia, cierra con una advertencia escalofriante:

> Yo declaro solemnemente a todos los que oyen las palabras de la profecía escritas en este libro: si alguien agrega algo a lo que está escrito aquí, Dios le agregará a esa persona las plagas que se describen en este libro. Y si alguien quita cualquiera de las palabras de este libro de profecía, Dios le quitará su parte del árbol de la vida y de la ciudad santa que se describen en este libro (22:18,19).

La dura advertencia de Apocalipsis y Gálatas desentona con el espíritu de la posmodernidad. Vivimos en una era profundamente religiosa que centra su culto en el individuo; la subjetividad propia de cada persona es la única brújula que sobrevivió al fracaso de las grandes utopías. Estamos aprendiendo a vivir como mestizos de la cultura, entre los discursos de hoy, los ecos de ayer y la ansiedad que produce el incierto mañana. Las afirmaciones tajantes de la Biblia nos incomodan, nos resultan retrógradas e intolerantes. Pareciera que la multiplicidad es incompatible con el ideal del Evangelio, que la verdad solo puede ser imaginada como un punto fijo en el cual debemos permanecer estáticamente. La iglesia ha buscado por mucho tiempo su unidad mediante la uniformidad, con temor de lo múltiple y lo diverso, con fórmulas, dogmas y decretos.

Pero la multiplicidad posmoderna no solo es incómoda para nuestro cristianismo; es, en primer lugar, bastante problemática para el ideal de la modernidad; y probablemente el prejuicio que sentimos hacia lo múltiple sea más una herencia moderna que un dogma cristiano. Los paradigmas omnipotentes de antaño –esos grandes relatos a los que denominamos Razón, democracia, progreso o ciencia– también querían encontrar la verdad en un espacio controlado, en una serie de afirmaciones o leyes. Los

---

42. *La rencontre des religions*, citado en DE LUBAC 1979, p. 180.
43. «Los teólogos», *El Aleph*, BORGES 2011a, p. 205.

individuos debían sacrificar sus diferencias en pos de la cohesión de la sociedad. En el ámbito de la educación, esa búsqueda llevó a la creación de la escuela: el espacio de normalización mínimo de las sociedades modernas. La ciencia intentó diseccionar la realidad para encontrar sus reglas y métodos. En las fábricas, la uniformidad se logró justamente, y valga la redundancia, mediante el uso de los *uniformes*.

En oposición a este acercamiento moderno a la verdad, nuestro Señor hizo una afirmación revolucionaria que pone a la iglesia en crisis como lo viene haciendo desde hace casi dos mil años: «Yo soy el camino, la verdad y la vida» (Jn. 14:6). La verdad, desde los ojos de la fe cristiana, no es una serie de afirmaciones o doctrinas, ni siquiera un conjunto de hechos; el creyente tampoco le debe su compromiso a una verdad inmóvil, definida por palabras y dogmas. La verdad es una persona y esa persona es un camino que lleva a la vida. Creo que algo así tenía en mente Santa Maravillas de Jesús cuando afirmó: «Lo que Dios quiera, como Dios quiera, cuando Dios quiera».

En Cristo tenemos la revelación completa de Dios pero esto no significa que podamos poseer totalmente esa revelación. Aunque el Padre ya se ha mostrado plenamente en Jesucristo, eso no implica que como seres humanos podamos absorber, poseer o aprehender todas las ramificaciones de esa revelación. Las palabras de Dios son inmutables pero nuestras interpretaciones no. Si decimos que la revelación está incompleta nos deslizamos por la senda de los herejes; si creemos que la revelación puede ser poseída completamente, nos encaminamos por la ruta de los orgullosos.

Cristo nos muestra plenamente a Dios pero esa revelación solo puede ser percibida individual, cultural, generacional y progresivamente. La revelación es primeramente individual. Cada criatura, por ser imagen de Dios, guarda en sí un fragmento fundamental para una mejor comprensión de la revelación completa. Los seres humanos entendemos la verdad de Dios del mismo modo en que la luz atraviesa un vitraux. Cada individuo que se acerca a la revelación de Cristo la interpreta, la enriquece con matices propios, se deja atravesar por la luz y en ese mismo acto le agrega color y forma. Cada uno de nosotros esconde y demuestra parte de la imagen de Dios, y esto no se manifiesta de igual manera en ninguna otra persona. Algunos son un reflejo más o menos fiel de esa imagen mientras que otros se han alejado tanto del modelo que cuesta encontrar algún vestigio.

La revelación también es leída desde una impronta cultural. El enfoque especial que cada etnia aporta a la cosmovisión global puede desentrañar aspectos que a otra cultura le resultan indescifrables. Culturas como las de Japón o China hablan de la autoridad y el respeto de una manera que a nosotros, habitantes de Occidente, nos resulta incomprensible. Los pueblos originarios de África y América tienen mucho que decir sobre la relación con la naturaleza y la creación a las sociedades occidentales urbanizadas y tecnológicas. Quizá los latinos podamos entender la ternura de Dios más profundamente que los nórdicos, y probablemente ellos tienen mucho que enseñarnos al respecto de la disciplina. Henri de Lubac sostiene que la Escritura no será plenamente entendida «hasta que no haya sido traducida, leída, meditada en todas las lenguas de la tierra. [...] Para su plenitud y su armonía, la iglesia tiene necesidad de los aportes de todo el mundo»[44]. Desde esta clave, la misión de la iglesia hasta lo último de la tierra y hasta el fin del mundo, a toda tribu, lengua y nación, deja de ser mera proclamación y se convierte también en descubrimiento.

En tercer lugar, la revelación tiene un aspecto generacional o temporal. Cada época sufre transiciones que iluminan la comprensión de ciertas áreas de Dios y su Palabra que, aunque siempre estuvieron ahí, nunca habían sido percibidas con el mismo enfoque o intensidad. Nuestro entorno al mismo tiempo nos capacita para entender ciertos aspectos pero nos oscurece otros. Aunque la Biblia desarrolla el tema una y otra vez, solo recientemente hemos podido entender con más claridad el cuidado de Dios por todas las vidas y en particular por los marginados –la viuda, el pobre, el huérfano, el extranjero–; fueron los movimientos de Derechos Humanos y los proyectos liberacionistas quienes enfocaron este aspecto tan central de las Escrituras y nos hicieron percibir su relevancia. Ghandi y Martin Luther King nos llevaron a descubrir nuevos matices del mismo Sermón del Monte que durante siglos habían permanecido atenuados. El intercambio funciona en las dos direcciones y es un buen ejemplo de lo que se conoce como *círculo hermenéutico*[45]: en más de una ocasión, la Biblia ha iluminado la realidad de manera profética, ha despertado ideas y lecturas adelantadas a su tiempo; frecuentemente, la realidad nos hace caer en la cuenta de que habíamos ignorado elementos esenciales de nuestra fe.

C. S. Lewis pensaba que hay un complot diabólico para evitar que las generaciones dialoguen y así expongan sus mutuos errores; en su clásico libro *Cartas del diablo a su sobrino*, el experimentado demonio Escrutopo recomendaba a su querido sobrino Orugario aislar «a cada generación de las demás; porque cuando el conocimiento circula libremente entre unas épocas y otras, existe siempre el peligro de que los errores característicos de una puedan ser corregidos por las verdades características de otra»[46].

El filósofo belga Marc Angenot sostiene que en un tiempo determinado, no todas las cosas son accesibles al pensamiento; lo que excede a nuestra posibilidad de visión es, según él, *impensable*[47]. Esto es casi como decir que los

---

44. DE LUBAC 1978b, p. 207.
45. Cf., por ejemplo, SEGUNDO 1975.
46. LEWIS 1993.
47. Cf., por ejemplo, «La historia en un corte sincrónico: literatura y discurso social», ANGENOT 1998, Op. Cit.

peces no pueden saber qué es el agua porque nunca han estado fuera de ella. En nuestros días, el señorío de Cristo es, en cierta medida, impensable. Estamos atravesados por un paradigma individualista y antropocéntrico, por los ideales de la democracia y el emprendedorismo. Una autoridad absoluta, como la de un señor hacia su súbdito, nos resulta fuera de lugar, pasada de moda, retrógrada, totalitaria. La Edad Media, con todos sus inconvenientes y excesos, estaba organizada verticalmente y por eso los medievales podían captar mejor que nosotros el concepto del señorío de Cristo. En la posmodernidad tenemos una percepción mucho más acabada de aquello que Pedro denomina *multiforme gracia de Dios* que en otras eras, que amaban la uniformidad y la estandarización. Yo me crie en una sociedad que predica la tolerancia religiosa y por ese motivo tengo una idea mucho más difusa que los apóstoles de lo que significa ser rechazado por la causa de Cristo. Onésimo, el discípulo de Pablo, comprendía de forma muy especial lo que significaba ser *esclavo de Cristo* justamente porque él mismo era un esclavo.

En cuarto y último lugar, creo que hay también una flecha constante que apunta al final de los tiempos. La iglesia de todo tiempo y lugar está en un camino de purificación y mayor claridad que terminará cuando se una de manera definitiva con su Señor. John Stott escribió: «El Espíritu habla por medio de lo que ha sido dicho y obra en base a lo que ha sido hecho. No hay una revelación nueva, sino una comprensión progresiva de lo que Dios ha revelado en Cristo (y en el testimonio apostólico acerca de Cristo)»[48]. Esa revelación progresiva, *de gloria en gloria*, es el anticipo de esa «novia hermosamente vestida para su novio» (Ap. 21:2).

Las diferencias entre las personas suelen ser consideradas como una degeneración, uno de los frutos del pecado original. Como supieron explicar con genialidad los poetas románticos, en nuestro inconsciente late el deseo de fundirnos en una sola cosa, uniforme y sin distinciones. Esta idea está presente en muchísimos mitos antiguos y es la base de la filosofía esencialista y de religiones como el budismo. Pero como observó Chesterton, el Dios cristiano está muy lejos del camino de Buda, no desea reunir a todas sus criaturas para que se pierdan en una nada uniforme, sino que ama a cada trozo viviente de este vasto universo. La multiplicidad no se opone a la unidad, «no es algo que se deba tolerar, sino un constitutivo de la comunidad»[49]. Dios mismo es una unidad múltiple; la Trinidad es el argumento teológico por excelencia: uno y tres al mismo tiempo, unidos pero diferentes. Nuestra Biblia también es un conjunto de libros extraños y llenos de divergencias; quizá no exista una expresión más evidente de estas tensiones y acentos que la existencia de los cuatro evangelios. Todos

---

48. STOTT 1975, Op. Cit., p. 115.
49. RIVAS 2000.

estos elementos diversos, a pesar de todo, entraron en el canon bíblico, y esto debería ayudarnos a recordar que las diferentes tradiciones tienen que ser leídas no solo en su contexto, sino también a la luz de las demás. Ninguna forma o tendencia agota la belleza del Evangelio.

Jesús también valoró la variedad de experiencias que las personas aportaban a su Reino: mujeres extranjeras y fariseos ortodoxos, pescadores, extremistas y recaudadores de impuestos, prostitutas y jóvenes ricos, todos tenían un lugar de privilegio junto al Señor. Aquello que no permite divergencias, aquello en lo que Cristo fue intransigente, fue la centralidad de su persona. Tenemos que perseguir una fe que no solo afirme que hay un único Camino, sino que también reconozca que ese Camino debe ser recorrido desde un sinfín de experiencias y trayectos.

La porción de luz que tiene cada persona, cada cultura y cada generación es suficiente para impulsar actos responsables y acordes a los propios desafíos. Podemos aplicar a la revelación lo que Dietrich Bonhoeffer decía al respecto de la ética: que «no es un sistema de afirmaciones correctas en sí mismas, de las que puede uno disponer en todo tiempo y en todo lugar, sino que está decisivamente vinculada a personas, tiempos y lugares»[50]. Cuando entendemos que desde nuestra posición no podemos acceder a una revelación abstracta, fría o inmóvil, sino solo a una revelación «encarnada» en montones de individualidades, culturas y épocas, descubrimos que la multiplicidad no solo nos trae dolores de cabeza, sino también una riqueza inmensa. El mensaje de Cristo adquiere bajo esta luz matices inesperados y sorprendentes.

Todos tenemos la tendencia a considerar que los puntos más importantes de la fe son aquellos que nos interesan, que los pecados más terribles son los que nos incomodan y que nuestro punto de vista sobre diferentes aspectos debería ser la medida de la ortodoxia de toda la cristiandad. Reconocer que nos acercamos a la revelación desde múltiples posiciones no solo hace tambalear algunos de nuestros lugares teológicos intocables; también redefine el papel de la teología y la dogmática dentro de la vida cristiana. Karl Barth, uno de los teólogos más importante del siglo XX, sostenía que la teología es «un esfuerzo humano y, por lo tanto, siempre debe ser vista con una combinación de libertad, alegría y hasta humor»[51]. Me gusta la forma en la que Barth desmitifica una palabra tan cargada como *teología*; me recuerda al «humor blanco» del que hablaba Michel Tournier: un humor que une lo *cósmico* y lo *cómico* y nos aproxima al Absoluto. Mientras dure nuestro camino en la tierra, todos somos un poco como Job: vamos palpando la presencia de Dios entre la niebla, oímos su voz pero de manera imprecisa. Llegará un día en el que diremos sin tapujos: «Ahora te veo con mis propios

---

50. BONHOEFFER 1968b, p. 190.
51. Citado en GONZÁLEZ 1995, Op. Cit., vol. X, p. 71.

ojos»; mientras tanto, los discípulos debemos siempre mantenernos mansos y humildes. El discipulado es un camino de sorpresa y descubrimiento.

Si la iglesia logra vencer su miedo, la diversidad puede convertirse en un camino que nos acerque a una vida en mayor plenitud y a una percepción de la revelación más llena de texturas, colores y formas. La diversidad puede ser también una forma de suavizar la relación cada vez más precaria entre individuo y comunidad. Aceptar la multiplicidad significa que, en algunos casos, podemos estar hablando de cosas aparentemente diferentes pero estar describiendo nada más que una pequeña parte de la misma respuesta. Lo que entendemos como verdades contradictorias quizá sean, al menos en algunas ocasiones, figuras, niveles o manifestaciones de la misma verdad. En un tiempo «ciencia» y «fe» parecían enemigos mortales; el tiempo se encargó de poner el foco en otro lugar. Quizá un día veamos de la misma manera oposiciones tan arraigadas como Biblia vs. Tradición, Institución vs. Carisma, Arminiano vs. Calvinista, Libre albedrío vs. Predestinación o Católico vs. Protestante. Una iglesia que reconoce que la gracia de Dios tiene muchas formas es consciente del poder del Espíritu pero también de su propia fragilidad. Esta tensión es un campo fértil para el crecimiento de una comunidad humilde y abierta.

El evangelio de Mateo está lleno de referencias escatológicas. Hay incluso una sección –los capítulos 24 y 25– que recibe usualmente el nombre de «Apocalipsis de Mateo». El Juicio Final en el que Dios hará justicia sobre toda la humanidad aparece de diferentes maneras a lo largo del libro y llama la atención que, en diversas oportunidades, Mateo relacione el juicio con elementos contextuales, históricos o culturales. En el capítulo 12, Jesús dice que la falta de fe de sus contemporáneos no será juzgada con conceptos universales, sino en comparación con la fe de los habitantes de Nínive y la reina de Saba. En el capítulo 25, el Juicio Final se desarrolla delante del trono de Dios; ante el Cristo glorificado, no comparecen los individuos, sino las naciones, no los sujetos sin un marco cultural, sino junto a sus etnias y pueblos. De igual manera, el evangelio de Juan hace una afirmación sorprendente: el juicio contra los judíos no sería realizado por Jesús mismo, sino por Moisés, ya que es él «en quien ustedes han puesto su esperanza» (Jn. 5:45).

Tal vez estoy exagerando el sentido y pido perdón de antemano si equivoco el enfoque pero me animo a suponer que cuando Dios juzgue a la humanidad, su juicio tendrá en cuenta nuestras cosmovisiones, contextos, enfoques y limitaciones. Creo que seremos juzgados por el parámetro del carácter eterno e inmutable de Dios pero también por los distintos paradigmas históricos y culturales en los cuales «ponemos nuestra esperanza». Mateo también afirma que «tal como juzguen se les juzgará, y con la medida que midan a otros, se les medirá a ustedes» *(Mt. 7:2, NBD). Estas palabras, generalmente aplicadas a la dureza en el trato entre los hermanos, quizá escondan también otro sentido: que Dios no evaluará nuestra vida a partir de consideraciones abstractas sobre el bien, la misericordia, el sacrificio o la verdad. El parámetro será* «tal como juzguen», la medida con la que medimos, *la frágil forma con la que juzgamos y analizamos lo que nos rodea.*

No sé cómo hará Dios para hacer justicia a tantos seres y tantas experiencias diversas pero sé que será justo.

> *Si alguien me demostrara que Jesús no poseyó la verdad, entonces preferiría seguir con Jesús que con la verdad.*
> **Fiódor Dostoievski**

MARGINADOS
Iglesia y acepción de personas: el caso de las mujeres

> *En la medida en que el individuo accede a una categoría, tiende a evaluar más favorablemente a todos aquellos que pertenecen a su grupo.*
> **Ruth Amossy y Anne Herschberg Pierrot**

La globalización y el multiculturalismo tienden a borrar las diferencias, a integrar todo en un collage de culturas impreciso e inclusivo. Por años, los teóricos de la posmodernidad profetizaron el ascenso de una sociedad en la que los regionalismos y nacionalismos desaparecerían al integrarse en una cultura global. Pero hace un tiempo que esta teoría está en crisis. Gianni Vattimo sugiere que existe una inclinación posmoderna a sentirse fuera de foco; «vivir en este mundo múltiple –dice el filósofo italiano– significa experimentar la libertad como oscilación continua entre la pertenencia y el extrañamiento»[52]. El fortalecimiento de la cultura globalizada no solo despertó ansias de apertura, sino también sentimientos de aislamiento.

Allí donde todo apuntaba a la desaparición de las identidades nacionales y regionales –porque el Estado democrático era pensado como una institución de la modernidad–, se ha observado un resurgimiento de reivindicaciones patrióticas y territoriales. Allí donde se esperaba la progresiva desaparición de las posiciones políticamente más conservadoras –porque el espíritu contracultural de izquierda prometía un mundo más inclusivo y horizontal–, se percibe un florecimiento de candidatos que apelan a los valores más tradicionales. Hemos visto recientemente el ascenso meteórico de lo que algunos han denominado «la nueva derecha», un movimiento lleno de matices pero que llega por momentos a afirmaciones fascistas. Este giro político ha sido notable en los últimos años tanto en Europa como en América Latina y tiene en la persona de Donald Trump su figura más emblemática.

---

52. VATTIMO 1989, Op. Cit., *p. 86.*

El discurso de la globalización y el multiculturalismo parecía omnipotente hace algunas décadas pero se ha topado de frente con la búsqueda de seguridad y pertenencia. La ética de la incerteza, el nihilismo y el sinsentido que aparentemente estaba conquistando todo de pronto se encontró con una necesidad de coherencia y un retorno a las tradiciones.

En el libro *Los que ganaron*, la socióloga argentina Maristella Svampa analiza el fenómeno de los *countries* y barrios privados en Argentina. Svampa propone que todo grupo que comparte ciertas cualidades, intereses o necesidades tiene una tendencia natural al hermetismo. Esta inclinación no es de por sí preocupante, ya que es en cierto punto necesaria para fortalecer la identidad grupal y dar coherencia. El problema más serio del hermetismo –y esta conclusión no solo es válida para los barrios privados– es que construye al diferente como una realidad ajena, lejana. El otro se encuentra más allá de esa pared que me identifica y va perdiendo sus rasgos para convertirse en todo lo que no quiero, no puedo o no debo ser. Cuando la pared que me separa de mi prójimo se naturaliza, el otro se convierte en una cosa, una categoría o un concepto extraño.

De forma más o menos consciente, nuestra identidad siempre se estructura a partir de la idea de un *álter*; ese otro absoluto marca los límites que no queremos traspasar. En sus carencias, reconocemos nuestras virtudes. En sus valores, comprendemos mejor aquello en lo que no queremos convertirnos. Excluimos para sentirnos incluidos; necesitamos dejar algo afuera para poder sentirnos adentro. Michel de Certeau sostiene que cada vez que definimos a alguien con adjetivos o calificativos, lo estamos dominando; cuando hacemos eso, estamos cerrando implícitamente el debate. El otro es aquel que se resiste a ser domesticado; si pudiéramos subordinar sus ideas y sus formas a nuestro estilo de vida, el otro dejaría de ser un problema. Por eso, según Bauman, «lo más fácil es temer al otro por la mera razón de que es otro: acaso extraño y distante, pero antes de todo desconocido, difícil de comprender, imposible de desentrañar totalmente, imprevisible»[53].

En nuestro lenguaje la marginación es un fenómeno relacionado directamente con la pobreza económica: marginado es aquel que tiene pocos recursos, el que vive en una villa o pide limosna a la salida del subte. El marginado necesita ayuda: una moneda, comida, ropa o educación. Sin embargo, el problema de la marginación no tiene que ver con cifras. Etimológicamente, la palabra *marginación* significa borde, frontera; es marcar algo como mío y diferenciarlo de lo demás. Marginar es, literalmente, dejar al margen. No es un privilegio de los ricos o de las clases acomodadas; marginado es todo aquello que está del otro lado de mi

---

53. Citado en SVAMPA 2008, p. 232.

propia pared. La indiferencia es la forma más alta de marginación, es pasar por alto la misma existencia del otro. Si ahora no estoy considerando en mi universo de posibilidades a los monjes tibetanos, a las madres solteras de Namibia o a los productores de caucho de Brasil es porque, de alguna manera, no son suficientemente pertinentes como para ganarse un lugar en mis pensamientos.

La epístola de Santiago es muy pragmática y hace un fuerte énfasis en esas actitudes que se adhieren fácilmente a la fe pero nada tienen que ver con ella: la inconstancia, la avaricia, el orgullo, el juicio sobre los demás. La epístola reserva un lugar de honor para el favoritismo. Ya en la iglesia primitiva, los cristianos nos inclinábamos a hacer acepción de personas a favor de los más ricos o prestigiosos. Contra ellos arremete Santiago, que se pregunta: «¿Cómo pueden afirmar que tienen fe en nuestro glorioso Señor Jesucristo si favorecen más a algunas personas que a otras?» (St. 2:1). El favoritismo es un pecado que no solo enferma a la comunidad cristiana, sino que nos aleja de la misericordia de Dios (vs. 8-13).

Dudo que en la historia del pueblo de Dios se haya hecho mayor acepción de personas contra un grupo en particular que contra las mujeres. Aunque los evangelios nos cuentan que fueron mujeres las que comunicaron a los incrédulos discípulos la noticia más importante de todas –que nuestro Señor había resucitado–, hemos encontrado un sinfín de justificaciones para acallar o minimizar sus palabras.

El Nuevo Testamento está lleno del testimonio de mujeres comprometidas con el Reino de Dios. La Biblia afirma que muchas siguieron a Jesús y algunas fueron parte crucial de su ministerio (Mt. 27, Lc. 8); este dato de por sí es bastante inusual considerando el rol doméstico al que estaban confinadas en la sociedad de su tiempo. Sin dar cabida a los tabúes y prejuicios de la época, el Señor no solo recibió a mujeres como parte activa de su grupo, sino que también las consideró sus amigas personales (es el caso de María y de Marta), las tocó y dejó que lo tocaran (la niña a la que resucitó, la suegra de Pedro, la mujer del flujo de sangre), las dignificó sin importar su reputación social (buenos ejemplos de esto son la mujer sorprendida en adulterio y la prostituta que ungió los pies de Cristo). El caso de la samaritana de Juan 4 es sin duda el más representativo: a pesar de ser mujer (el género considerado inferior), a pesar de ser samaritana (es decir: étnicamente impura) y a pesar de su controvertida vida sexual, Jesús dialogó con ella a la vista de todos y el fruto de su testimonio fue la salvación de toda una aldea.

Siguiendo el ejemplo de su Maestro y desviándose en gran manera de la tradición judía que los precedió, los primeros cristianos se consideraban parte de un pueblo heterogéneo e inclusivo, redimido en la cruz: «Todos los que fueron unidos a Cristo en el bautismo se han puesto a

Cristo como si se pusieran ropa nueva. Ya no hay judío ni gentil, esclavo ni libre, hombre ni mujer, porque todos ustedes son uno en Cristo Jesús» (Ga. 3:27-28). Las mujeres fueron esenciales en la expansión del Evangelio desde los primeros años de la iglesia. Los Hechos y las cartas de los apóstoles destacan el trabajo de Lidia (Hch. 16), Apia (Flm. 2) y Dorcas (Hch. 9). Prisca o Priscila es nombrada seis veces en el Nuevo Testamento; el hecho (muy inusual para su tiempo) de que a menudo su nombre aparezca antes que el de su esposo, Aquila, da cuenta del aprecio del que gozaba entre los primeros cristianos. Evodia y Síntique, otras colaboradoras de Pablo, son alabadas porque «trabajaron mucho [...] para dar a conocer a otros la Buena Noticia» (Flp. 4:3). El capítulo 16 de Romanos está lleno de mujeres notables: María, Trifena, Trifosa, Pérsida. Pablo menciona también a Febe, que era diaconisa de la iglesia de Cencrea, un asentamiento cerca de la ciudad de Corinto; esta mención pone en evidencia que, en la iglesia primitiva, las mujeres no solo servían en roles de acompañamiento, sino que también ocupaban posiciones de responsabilidad. Primera Timoteo 3 sugiere, de igual manera, que el caso de Febe no era único, que otras mujeres también eran reconocidas como diaconisas. Era común que hubiera mujeres profetisas, como dejan entrever Primera Corintios 11 y el caso de las hijas de Felipe en Hechos 21. El ministerio de las viudas era mucho más que una cuestión de estado civil; las cartas de Timoteo y Tito señalan que las viudas tenían funciones específicas en la organización de la iglesia.

Además de los ejemplos bíblicos, encontramos en la literatura antigua un valioso testimonio del rol de autoridad que tuvieron algunas mujeres en la iglesia primitiva. Hacia el año 111 d.C., poco después de la muerte de la primera generación apostólica, un político romano llamado Plinio, el joven, escribió una carta al emperador Trajano. Este documento es fundamental porque representa el primer análisis del fenómeno cristiano hecho por paganos del que tenemos registro. Plinio menciona a dos cristianas que no solo eran mujeres, sino también esclavas, y se refiere a ellas con el nombre de «servidoras» (literalmente, «ministras»).

Olvidando el testimonio de las Escrituras y de la historia, la iglesia ha encontrado diversas maneras de marginar a la mujer. La acepción de personas contra la que advierte con dureza Santiago se ha manifestado no solo en la atribución de características morales inferiores, sino también en su exclusión de muchas responsabilidades eclesiales. A veces las barreras han sido evidentes para todos; otras veces, las limitaciones han sido implícitas, invisibles, como un techo de cristal. El mandamiento bíblico de la sujeción de la mujer de Efesios 5 no se ha invocado como pauta de respeto, sino como justificación del abuso. Y lo más notable de esa interpretación, que es la que justifica todas las demás, es que ignora completamente su contexto literario. Pablo utiliza la palabra *hupotassō* (ὑποτάσσω) para describir el tipo de sumisión de la mujer al varón; casualmente, un versículo antes, Pablo también afirma: «Sométanse unos a otros por reverencia a Cristo» (Ef. 5:21). La palabra «sométanse» es la misma en los dos casos. La mujer debe sujetarse al varón en el mismo sentido en el que todos los creyentes (incluso los varones) deben sujetarse a los demás miembros del Cuerpo de Cristo (en el que participan, por supuesto, las mujeres).

Hartas de esta marginación de larga data, muchas hermanas han reconocido en las luchas del feminismo una forma de rebelarse contra los «mandamientos de hombre» que no las incluyen. El auge de estos movimientos pone en crisis muchos mecanismos de pecado, autoritarismo y marginación. Pero me gustaría hacer una humilde sugerencia: quizá no haga falta agregar el rótulo *feminista* a la fe cristiana para reclamar justicia para los menos privilegiados. Jesús, al inicio de su ministerio, afirmó que había sido enviado «para llevar la Buena Noticia a los pobres», para «proclamar que los cautivos serán liberados, que los ciegos verán, que los oprimidos serán puestos en libertad, y que ha llegado el tiempo del favor del Señor» (Lc. 4:18-19). El Evangelio es una Buena Noticia para todos y todas. Quizá más que agregar nuevos rótulos a la fe de Jesús, sea necesario que volvamos a descubrir las verdades más esenciales, esas que hemos olvidado, de este mensaje de esperanza.

Mi sugerencia no significa, por supuesto, menospreciar las complejidades políticas, epistemológicas y teológicas de los debates feministas y de género. Tampoco significa ignorar los alcances y horrores de lo que ha dado en llamarse «patriarcado». Pero después de muchos debates, he llegado a una frágil convicción: la fe cristiana está abierta a todos los aportes pero no puede nunca perder de vista a su pastor. Toda crítica o contribución debe pasar por el filtro del *kerigma*, de la obediencia sencilla, de la lealtad a Cristo y a su proyecto del Reino de Dios. Por eso, más que hablar de *patriarcado*, un concepto ligado específicamente con la cuestión de género, me gusta más la categoría de la teóloga feminista Elisabeth Schüssler Fiorenza: *kyriarcado*, una palabra derivada de los términos griegos *kyrios* («señor») y *archein* («dominar»). Hablar de *kyriarcado* es pensar en un complejo sistema institucionalizado de opresión que afecta todas las relaciones, que es invisible y dinámico, y que incluye problemáticas como el racismo, la opresión económica, la marginación de las mujeres, la desechabilidad masculina, la injusticia social, la corrupción, la homofobia, el colonialismo y la explotación del medio ambiente. Se parece bastante a eso que la Biblia llama *pecado*, una enfermedad que se cuela en todas las grietas de la sociedad, que nos convierte en señores los unos de los otros y que le quita el lugar que le pertenece a nuestro *Kyrios*: Jesús, el Cristo.

Philip Yancey escribió: «Dios es, en una palabra, como Cristo. Jesús presenta a un Dios de carne y hueso que podemos aceptar o rechazar, amar o no hacerle caso. En este modelo visible, a escala reducida, podemos discernir más claramente las características de Dios»[54]. Los cristianos creemos que en los equilibrios, búsquedas y respuestas de Jesús encontramos la clave para conocer a Dios. Siempre me llamó la atención, al leer los evangelios, que ese Dios a pequeña escala haya dedicado tanto esfuerzo en denunciar el pecado de esos referentes espirituales que conocemos con el nombre de fariseos. A simple vista, eran las personas que menos críticas merecían: su piadosa vida giraba en torno a las Escrituras, a las que se dedicaban con todo respeto, y entre sus hobbies se contaban el ayuno, la oración y la limosna.

Contra todo pronóstico, Jesús reconoció en ellos el mayor enemigo del Reino que venía a predicar. El Hijo de Dios podría haber denunciado muchos males estructurales de la sociedad de su tiempo: el sanguinario Imperio Romano, la idolatría del culto al emperador, las prácticas sodomitas y abortistas de los romanos, la corrupción del templo bajo el control de los saduceos, la amenaza intelectual del neoplatonismo, etc. Sin embargo, Cristo señaló al fariseísmo como el mayor obstáculo para la obra de Dios, y creo que esto se debe a una plaga que no hace distinción de personas: el orgullo. El fariseo busca diferenciarse de los demás. En una de las parábolas de Jesús, uno de ellos dice en oración: «Te agradezco, Dios, que no soy un pecador como todos los demás. Pues no engaño, no peco y no cometo adulterio. ¡Para nada soy como ese cobrador de impuestos!» (Lc. 18:11). Puede justificar su actitud en sus méritos, conocimientos o tradición pero el resultado es siempre marginar a otro. De esta manera, el fariseo construye límites a la obra de Dios y excluye de ella a los que no cumplen con sus pretensiones.

Cristo borra los márgenes al señalar que todos somos como ese cobrador de impuestos. A los pies de la cruz, las categorías como *publicano* o *maestro de la Ley* no significan nada. No nos pueden justificar los méritos conquistados por la tradición, las cimas más altas de la espiritualidad, las buenas obras, la sana doctrina ni el reconocimiento de otros. «Si de algo presumo –escribió el apóstol Pablo– es de nuestro Señor Jesucristo crucificado» (Ga. 6:14; BLP).

Charles Spurgeon dijo una vez que «la gloria de Jesús es que dejó de lado su gloria, y la gloria de la iglesia está en que deje de lado su respetabilidad y su dignidad, y considere que su gloria sea recoger a los marginados»[55]. Para evitar la trampa de los fariseos, necesitamos rechazar todos esos márgenes

---

54. YANCEY 1996, Op. Cit., p. 273.
55. Sermón 897, citado en YANCEY 2005, Op. Cit., p. 206.

que ponen a mi prójimo del otro lado del muro. Identificarnos con Cristo implica no solo resistir al pecado personal, íntimo, ese que llevamos dentro; significa también luchar activamente contra las estructuras de pecado y opresión que sostienen el trono del príncipe de este mundo.

> *Es imposible cambiar al pueblo de Dios sin reincorporar a los marginados.*
> **Umberto Eco**

EL PODER DE LAS PALABRAS
Babel y Pentecostés: el regalo de la multiplicidad[56]

> La palabra es un poderoso soberano que, con un cuerpo pequeñísimo y completamente invisible, lleva a cabo obras sumamente divinas.
>
> *Gorgias*

Las palabras, esos pequeños y poderosos soberanos, habitan y dan sentido a todos los rincones de nuestra existencia. Las necesitamos para vivir en sociedad y para comunicarnos con los demás; las necesitamos incluso para acceder a nuestros propios pensamientos, ideas y sentimientos. El lenguaje abre la puerta del mundo circundante y de otros imaginados, nos permite vincularnos con la realidad concreta y con las abstracciones. Según Voltaire, existe una paradoja en el lenguaje; sin él no podemos pensar, ya que nuestras ideas toman forma a través de palabras, pero sin pensamiento tampoco es posible acceder al lenguaje. ¿Qué fue primero?, se preguntaba el filósofo francés: ¿el lenguaje o el pensamiento? Voltaire resolvía el acertijo mediante la obra de un Ser Supremo, quien enseñó a la humanidad las primeras palabras que luego permitieron el desarrollo del pensamiento.

Hablamos porque queremos comunicarnos y confiamos en que el lenguaje va a ser suficiente. Si pronunciamos la suficiente cantidad de palabras, vamos a poder traspasar las barreras que nos separan y conectarnos con el otro en profundidad; al menos eso pensamos. Cratilo, un filósofo de la Antigua Grecia, hizo un voto de silencio al caer en la cuenta de que no podía expresar plenamente la verdad. Pitágoras se resistió a dejar escrita alguna línea. Monjes, místicos, poetas y otras almas sensibles a las limitaciones de la condición humana han seguido sus pasos. Los que todavía vivimos en sociedad seguimos poniendo cierto nivel de confianza en ese

---

56. Este ensayo es una adaptación de mi artículo «La Biblia y sus concepciones de lengua» (cf. MAGNIN 2010).

lenguaje que por momentos nos llena de entusiasmo pero que otras veces nos recuerda que estamos separados desde la médula hasta la mente.

El lenguaje tiene un lugar privilegiado en las Escrituras. En las páginas de la Biblia encontramos un sinfín de hipótesis y reflexiones sobre sus posibilidades, su poder y sus límites. Al igual que sucede con otros asuntos, la búsqueda de un tratado acabado y definitivo en esas ideas precientíficas no solo es infructuosa, sino que, sobre todo, ejerce violencia en el texto. Los escritores de los libros sagrados no intentan producir conocimiento «científico» sobre el lenguaje sino, más bien, dejar constancia de los interrogantes de su tiempo y su cultura al respecto del misterio de la comunicación y las palabras.

Del relato de la Creación del libro de Génesis deducimos que el escritor creía en el poder creativo del lenguaje: Dios habla y su palabra hace surgir al mundo de la nada. John Austin, un filósofo inglés del siglo XX, denominó «performativa» a esa capacidad del lenguaje; las palabras no solo nombran la realidad, sino que también, cuando son pronunciadas por alguien que tiene poder, se convierten en *actos de habla* que crean una nueva realidad.

De la cuidadosa elección de nombres a lo largo de las Escrituras comprendemos que los judíos de diferentes épocas consideraban que el nombre de cada persona también tiene poder sobre la realidad: puede prefigurar un destino –como en el caso de Abram, el «padre exaltado», que se convierte en Abraham, el «padre de una multitud»–, puede comunicar algunos de sus atributos –como Set, el «sustituto» de Abel– y también resumir expectativas y sueños –como en el caso de Jacob, «el que suplanta», quien eventualmente compraría la primogenitura de su hermano mayor–.

En las Escrituras, el lenguaje no solo es objeto de intuiciones filosóficas; también es usado frecuentemente como una metáfora del entendimiento y la incomprensión, de la comunicación entre Dios y su pueblo o la sordera a la palabra divina. El lenguaje es algunas veces un puente y otras un abismo. Esta tensión se puede encontrar en diferentes episodios de la Biblia; en estas páginas quiero rescatar tres: el relato de Babel (Gn. 11), la venida del Espíritu Santo en Pentecostés (Hch. 2) y la visión del final de los tiempos que presenta Apocalipsis.

«Hubo un tiempo en que todos los habitantes del mundo hablaban el mismo idioma y usaban las mismas palabras» (Gn. 11:1). En hebreo, el nombre del primer libro de la Torah se llama *bereshit*, que significa literalmente «en el principio». Luego de relatar la entrada del pecado en el mundo, los primeros nacimientos y muertes, el comienzo de la civilización y de algunas instituciones importantes, el relato de Génesis explica la diversidad lingüística; la historia de la torre de Babel provee esa explicación. La ciudad de Babel había sido fundada por Nimrod, al que Génesis 10 describe como el primer hombre poderoso de la tierra. Los herederos de este gran rey decidieron hacerse un nombre para extender su fama, afirmar su identidad, evitar la dispersión y prolongar su memoria sobre la tierra. El ladrillo es el gran invento que les permitió construir una torre para llegar hasta el cielo. Cuando Dios vio el proyecto, decidió confundir la única lengua y convertirla en un sinfín de idiomas y dialectos. Al no poder comunicarse, los habitantes de Babel siguieron dispersándose por la tierra.

La interpretación tradicional del episodio de Babel entiende la respuesta de Dios como un castigo. El Creador interviene directamente en la historia de este pueblo para juzgar el tipo de unidad perversa y orgullosa que perseguían los habitantes de Babel. El instrumento de su justicia es la diversidad lingüística: romper la lengua única en infinitos trozos de palabras. La confusión detiene a los soberbios constructores y tira por tierra el proyecto. En esta clave, la diversidad de lenguas es vista como una maldición. Lo mejor, lo deseable es la uniformidad: un solo modelo para todos.

Esta interpretación del relato de Babel no es forzada pero tampoco es la única. Hay otra forma de entender la historia que no solamente hace mayor justicia al contexto histórico en el que se produjo el relato, sino que también afecta el sentido del episodio de Pentecostés. El significado etimológico de Babel está relacionado con la confusión; un equivalente en español podría ser la expresión «bla-bla-bla». En hebreo existe también una relación directa entre la palabra «Babel» y la palabra «Babilonia»; el texto bíblico menciona incluso que la torre se construyó «en una llanura en la tierra de Babilonia» (vs. 2). Allí se establecieron estos pobladores en directa desobediencia al mandato que Dios había dado a Adán y Eva, y luego a Noé: dispersarse y llenar la tierra (Gn. 1:28 y 9:1).

Los especialistas del texto bíblico señalan que la historia de Génesis 11 probablemente haya sido escrita alrededor del siglo VI a.C.; eran los tiempos del cautiverio babilónico de Israel. Este dato es revelador y da cuenta de que la historia de Babel no solo es una forma de explicar la variedad lingüística; es también una metáfora del pueblo de Israel y su sometimiento al gran imperio de su tiempo. Los cautivos pasaban sus días construyendo edificios para los tiranos de turno, viviendo como subalternos en una ciudad plagada de idiomas y dialectos, de poderosos y oprimidos, de culturas en choque.

El tono del relato de Babel tiene muchas características que lo acercan a una narrativa mitológica. Los cristianos tenemos un poco de miedo a la palabra «mito» porque la asociamos con una mentira cuando, en realidad, los mitos elaboran verdades fundamentales y muy profundas pero lo hacen de una manera no literal. Es justamente esta libertad del relato mítico lo que le otorga su fantástico poder de evocación y su creatividad. Los judíos del cautiverio que escribieron el relato de Babel seguramente estaban familiarizados con un importante mito babilónico conocido como Enmerkar y el señor de Aratta. En este relato encontramos trazos muy similares al del Génesis: una torre enorme es construida y, tras la pronunciación de un conjuro, las lenguas se confunden.

Los historiadores han descubierto evidencias de que el emperador Nabopolasar, el padre del famoso Nabucodonosor (quien llevó al pueblo de Israel al exilio), construyó durante su reinado una torre de muchos pisos: el zigurat de Marduk. La gente llamaba *etemenanki* a este edificio, una expresión que podría traducirse como «la mansión de lo alto entre la tierra y el cielo». Nabopolasar hizo pintar el último piso del zigurat de color azul para que, al mirarlo desde el suelo, se confundiera con el cielo mismo. Suena como una descripción bastante afín a la que ofrece Génesis: «una torre que llegue hasta el cielo».

Todos estos elementos apuntan a una verdad cada vez más evidente: Babel es Babilonia, Babilonia es Babel. Es posible que el relato intente explicar el surgimiento de la diversidad de lenguas pero también funciona como un brillante panfleto de resistencia contra Babilonia. En Babel «todo el mundo tenía un mismo idioma y usaba las mismas expresiones», todos los pueblos estaban mezclados y formaban una sola etnia. Tanto la Babel literaria como la Babilonia real construían edificios que intentaban llegar al cielo; las exigencias políticas, lingüísticas, culturales y económicas intentaban borrar las diferencias y unificar a todos en un proyecto lleno de ambición. Con la intervención de Dios toma todo otro sentido en este contexto. La confusión de lenguas no es un castigo, sino una bendición. Dios no otorga diversas lenguas por mero capricho ni por miedo a lo que sus criaturas pudieran lograr si se comunican y trabajan juntas; su acción llega para quebrar la homogeneidad de Babel o, lo que es igual: la uniformidad del Imperio Babilónico.

La antropología lingüística afirma que la diversidad de lenguas permite la diversidad del pensamiento; hablar de maneras diferentes lleva a hacer las cosas de maneras diversas. La uniformidad de sentimientos, ideas y palabras ha sido la forma preferida de idealistas, tiranos e imperios para lograr la cohesión; el Imperio Romano, los iluministas y positivistas, Hitler, Mussolini y Videla sabían que la mejor manera de lograr que unos pocos impongan su voluntad es borrando las diferencias. Una de las definiciones de «caos» es «tendencia hacia la indiferenciación». Existe caos no solo en la multiplicidad incoherente que no permite establecer diferencias, sino también en la uniformidad estricta que intenta suprimir las diferencias y crear una superficie sin relieves. La obra de Dios es, al mismo tiempo, un regalo y un castigo, ya que al destronar al orgullo humanista de los grandes ideales, permite que las experiencias de los oprimidos y desplazados puedan existir sin que el poder uniformador de Babel las entierre.

El cierre de la historia también resulta una bendición; los confundidos pobladores de Babel continúan extendiéndose por el territorio, lo que representa el cumplimiento del proyecto de Dios. Tanto Adán y Eva en la Creación como Noé luego del diluvio habían recibido el mandato de llenar la tierra mediante el crecimiento y la multiplicación. En su ambición por llegar al cielo, los habitantes de Babel se habían olvidado de poblar la tierra. La multiplicación de las lenguas vuelve a encaminarlos en el plan divino original.

La llenura del Espíritu Santo en Pentecostés es la contracara del relato de Babel. En la llanura de Babilonia, un grupo de personas quiso llegar al cielo mediante la uniformidad pero la obra de Dios los dispersó por toda la tierra; en Pentecostés y tras la muerte de Jesús, el Espíritu Santo convierte la confusión en milagro. En Babel, una lengua única se había convertido en muchas; en Pentecostés, los discípulos vivieron la experiencia opuesta: hablaron lenguas desconocidas. El abismo comunicativo abierto por el pecado de los habitantes de Babel fue redimido por la acción sobrenatural del Espíritu. Babilonia, al igual que Babel, quería forzar la uniformidad; los pueblos cautivos debían borrar sus diferencias y amoldarse al modelo imperial. En Hechos, Lucas nos muestra el irónico revés que Dios da a la historia. En el día de Pentecostés

> estaban de visita en Jerusalén judíos piadosos, procedentes de todas las naciones de la tierra: [...] partos, medos, elamitas, gente de Mesopotamia, Judea, Capadocia, Ponto, de la provincia de Asia, de Frigia, Panfilia, Egipto y de las áreas de Libia alrededor de Cirene, visitantes de Roma (tanto judíos como convertidos al judaísmo), cretenses y árabes (Hch. 2:5,9-11).

En esa extraña reunión de naciones y pueblos participan prácticamente todos los habitantes del mundo conocido. Pareciera que todas las lenguas, etnias y naciones formadas en la pagana Babel volvieran a juntarse una vez más pero esta vez en Jerusalén, la ciudad santa. Lucas subraya una y otra vez el desconcierto de los espectadores del Pentecostés para recalcar esta conexión con Babel, la ciudad de la confusión.

A pesar de todas las diferencias culturales y la limitación de los idiomas y dialectos, la acción del Espíritu Santo en la vida de los creyentes trasciende las barreras. «¡Todos oímos a esta gente hablar en nuestro propio idioma acerca de las cosas maravillosas que Dios ha hecho!» (vs. 11). El Espíritu confunde a las etnias en Pentecostés tal como había confundido la uniformidad de Babel pero el resultado es exactamente opuesto. La confusión de Babel hizo que aquellos que hablaban igual y eran iguales de pronto no pudieran entenderse; la reconciliación de Pentecostés significa que, a pesar de todo, los que hablamos diferente, pensamos diferente y pertenecemos a culturas diferentes podemos entendernos si Dios está entre nosotros. El regalo divino de la diversidad había destruido la uniformidad de Babel; la capacidad para entendernos que otorga el Espíritu reconcilia las diferencias en Pentecostés. En Génesis, la unidad se conquistaba al obligar a todos a que fueran iguales; en Hechos, la unidad se alcanza al incorporar lo diferente. En Babel, la soberbia había llevado a la incomprensión; en el aposento alto, las personas más humildes de todo Israel pueden hablar lenguas desconocidas por gracia del Espíritu. Las tres mil personas que se añaden a la iglesia (Hch. 2:41) son un testimonio que nos recuerda el poder que tiene la unidad cuando el Espíritu de Jesús redime nuestras diferencias.

Al final de los tiempos, esa iglesia multicolor vuelve a encontrarse. Enormes diferencias de dones, funciones, ideologías, doctrinas, dogmas, rituales y prácticas se diluyen ante la presencia del Cordero, el único que puede acortar las distancias. El pecado creó el abismo pero la obra de Cristo, lenta pero constante, construye un puente que guía a la Creación de vuelta a la inocencia. La unidad que Cristo logró en su sangre no se parece en nada a las religiones orientales; los redimidos no se vuelven una masa homogénea que se pierde en la nada infinita. Para reconciliarnos, Cristo no borra las diferencias sino el pecado.

Como en la escena de Pentecostés, Apocalipsis señala que los santos del pueblo de Dios provienen de toda lengua, tribu y nación; son como una novia que se ha preparado durante siglos para encontrarse con su amado y se ha embellecido con adornos de todas las épocas y rincones del mundo. Los redimidos saludan con alegría a su Mesías:

> Tú eres digno de tomar el rollo y de romper los sellos y abrirlo. Pues tú fuiste sacrificado y tu sangre pagó el rescate para Dios de gente de todo pueblo, tribu, lengua y nación. Y la has transformado en un reino de sacerdotes para nuestro Dios. Y reinarán sobre la tierra (Ap. 5:9,10).

Lo que el Espíritu había logrado en el día de Pentecostés en Jerusalén se convierte en una fiesta sin tiempo ni lugar. La multitud entona al unísono un cántico en el que participan etnias, lenguas y dialectos. El triunfo del Cordero sobre la incomunicación es sublime; ante su trono, los santos podemos presentarnos diferentes y aun así ser uno.

> *La lección [de Pentecostés] es clara: es a la iglesia a la que corresponde asumir todas las lenguas de los hombres, todas las culturas que tienen su expresión y su vehículo en esas lenguas. No se trata para ella de conducir a los hombres a comprender su lenguaje, sino de hablarles en la lengua que ellos tienen.*
>
> **Jacques Dupont**

QUE SEAN UNO
La unidad de la iglesia entre el monólogo y el diálogo

> *Creo que, si existiera algún Dios, no estaría en ninguno de nosotros. Ni en ti ni en mí sino en este pequeño espacio entre tú y yo.*
>
> **Before Sunrise**

A mediados de la década de los setenta, Michel Foucault publicó *Vigilar y castigar*, un estudio sobre las instituciones que simbolizan la noción moderna del control sobre la diversidad. Foucault recuperó el uso que muchos manicomios y cárceles hacían de un mecanismo de control inventado por Jeremy Bentham hacia fines del siglo XVIII: el panóptico. El poder de estas cárceles residía en el autocontrol de los prisioneros; la celda podía ser vista desde todas las direcciones pero desde adentro no se podía ver lo que sucedía afuera. El panóptico representa un concepto central del espíritu moderno: el deseo de normalizar los cuerpos, las ideas y las voluntades; es una forma económica de controlar los impulsos del otro ya que funciona desde el miedo. Sin saber nunca quién está mirando del otro lado, los prisioneros tienden a controlarse a sí mismos.

La modernidad criminalizó la diferencia y la asoció con el descontrol y el caos. El proyecto de civilizar el salvajismo de los sectores más periféricos se practicó con determinación y brutalidad. Los individuos y minorías debían renunciar a sus particularidades para adaptarse a los requisitos de los que tenían el poder de imponer sus costumbres. Las instituciones civiles, políticas, culturales y religiosas debían minimizar la diversidad para evitar la fragmentación social. Todo lo excéntrico debía ser reducido al ámbito de la vida privada y por eso nadie hablaba de ciertas cosas; de la puerta para afuera, todos debíamos mantener las apariencias. Las grandes utopías sociales siempre predican la unidad. Todos los proyectos que aspiran a algo más grande que ellos mismos dependen directamente de la voluntad de los individuos de entregar sus vidas en pos de esos ideales.

Quizá no hubo lugares donde el proyecto civilizador moderno fuera tan atroz como en países como Argentina, Brasil o Australia. Nuestra dependencia de las potencias europeas no era solo económica sino, sobre todo, intelectual. Aspirábamos a ser como Inglaterra y Francia pero debíamos convivir con una diversidad abrumadora: pueblos originarios, esclavos africanos, criollos, mestizos, extranjeros. Era necesario forjar una identidad nacional que uniformara la contradicción irreconciliable entre esos polos que Domingo Faustino Sarmiento llamó *civilización* y *barbarie*. La solución que propuso el siglo XIX, ebrio de positivismo y confianza en el progreso, fue el exterminio de lo diferente.

Pero la crueldad no es gratuita y con el tiempo el paradigma moderno fue entrando en crisis. Las subjetividades que habían sido invisibilizadas por el ideal uniformador comenzaron a salir a la superficie. Este proceso se observa claramente en el cambio de foco de las fotografías industriales. En las primeras fotos de los telares ingleses, los rasgos individuales se pierden ante el poder omnipotente de las máquinas; filas y filas de rostros anónimos se confunden en los pasillos de la productividad. Pero con el tiempo, la miseria de los barrios bajos comenzó a ser cada vez más notoria a los ojos sensibles; eso se tradujo en retratos cada vez más emotivos de hombres, mujeres, niños y ancianos en sus rutinas de trabajo y descanso. Los artistas desecharon el anonimato de la lente panorámica y abrazaron el detalle del primer plano.

La modernidad operó con una lógica deductiva: de las leyes generales se derivan las aplicaciones particulares. El fracaso del proyecto moderno generó una tendencia contraria: volvimos a enfocarnos en los detalles. En nuestro tiempo, y a diferencia del método inductivo, lo particular no necesariamente lleva a lo general. Vivimos en la era de las excepciones y no sentimos mucha culpa por ser incoherentes. Las subjetividades dejaron de verse como enemigas y pasaron a ser la clave misma que permite la vida en sociedad. No pudimos llevar a término nuestros grandes relatos así que lo único que queda son las pequeñas historias. Hoy idealizamos la idea misma de la diversidad y su capacidad para solucionar todos nuestros problemas. Si en el pasado el éxito dependía de nuestra capacidad de amoldarnos a la forma recomendada por la sociedad, en nuestro tiempo triunfan solo los que son especiales. Ya no tenemos que esconder nuestros elementos distintivos y excentricidades ya que son justamente esas las cosas que nos hacen únicos.

Pero a pesar de las apariencias, nuestra sociedad actual no va a madurar tan fácilmente. El corazón humano no cambia simplemente porque hayamos superado la «intolerante y retrógrada modernidad». Aunque nuestros discursos repiten una y otra vez palabras como *inclusión, diversidad, respeto, tolerancia, diálogo* y *diferencia*, no por eso vamos a vivir siempre a la altura de esos ideales. Nunca hemos superado lo que Steven Flusty denomina *mixofobia*: ese temor ante «la escalofriante, inconcebible y perturbadora variedad de tipos y estilos de vida humanos que coexisten en las calles de las ciudades»[57]. Es cierto que la posmodernidad descree de los grandes relatos modernos pero no nos confundamos: nuestra era tiene sus propios relatos y utopías. La hiperconectividad, el hedonismo y el disfrute, el consumo, la celebración de la diversidad y el nihilismo son nuestros ideales. Todo lo que no entra en nuestra definición actual de progreso se condena con sarcasmo; lo que no es *cool*, se convierte en algo retrógrado o intrascendente.

En 1861, todos los reinos y regiones de la península itálica fueron unificados bajo la figura de Vittorio Emmanuele II. La espada de Garibaldi y la pluma de Cavour fueron los medios que impusieron la unidad en un territorio lleno de divergencias. El proceso se llamó *Unificazione* y fue dramático y efectivo. Las enormes diferencias culturales que había entre lombardos y calabreses, venecianos y napolitanos, sicilianos y romanos se abolieron para lograr la unificación. El poder político, económico y cultural se concentró en el norte, en ciudades como Milán, Florencia y Roma, y desaparecieron del mapa un sinfín de instituciones que por mucho tiempo habían dado identidad a los ciudadanos de la nueva República. Dante, Boccaccio y Petrarca, tres escritores de Florencia, se convirtieron en símbolos de la cultura literaria nacional; su lengua, el florentino, tomó el simbólico nombre de «italiano» y el resto de las variedades lingüísticas y dialectos fueron prohibidos.

Solo cuando el entusiasmo de la *Unificazione* fue cediendo lugar ante la cruda realidad quedaron expuestas las terribles consecuencias. El aislamiento político de regiones como Nápoles y Sicilia favoreció el nacimiento de la mafia, una forma alternativa de organización para esos territorios olvidados por los poderosos. Como propuso Giuseppe Tomasi di Lampedusa en *El Gatopardo*, el proyecto de país nunca representó a todos; Italia se convirtió en una nación de profundas fricciones culturales. Los habitantes del norte odian a los del sur porque afirman que se aprovechan de su riqueza; los del sur detestan a los del norte y los culpan de haber arrasado con su identidad. Los dialectos sobreviven como pueden en las periferias de la cultura y las conversaciones de los ancianos.

Al igual que otras instituciones, la iglesia también ha intentado ser una buena representante de los ideales que pregona; hemos elegido la locura del Evangelio como una utopía por encima del sinsentido y la inmoralidad. La unidad de los cristianos también es esencial para nuestro proyecto de fe. Explícitamente, las Escrituras proclaman que entre

---

57. Citado en BAUMAN 2009, p. 145.

nosotros las diferencias étnicas, económicas y sexuales han sido abolidas (Ga. 3:28) y nos exhortan a que vivamos «en armonía los unos con los otros. Que no haya divisiones en la iglesia. Por el contrario, sean todos de un mismo parecer, unidos en pensamiento y propósito» (1 Co. 1:10). Jesús prometió que el mundo creería en Él cuando sus seguidores fueran uno (Jn. 17:21).

El Evangelio nos convoca a ser como la Trinidad misma: personas diferentes que se unen en amor. La unidad es clave en la identidad, vida y misión de la iglesia pero es también un ideal muy complejo. Las opiniones, tendencias y convicciones no solo han fragmentado a la iglesia universal en un millar de tradiciones, escuelas y denominaciones, sino que se presentan día a día en el diálogo con el prójimo, en los grupos pequeños y el trabajo de las comunidades locales. Para aspirar a esos ideales que presenta la Biblia –ser la sal y la luz del mundo, predicar el Evangelio, ser santos–, la iglesia ha intentado de muchas maneras suprimir las diferencias. Esta tendencia se remonta a ese arquetípico relato de Génesis 4: Caín mata a su hermano porque no tolera que adore a Dios de otra manera. Nos cuesta aceptar la idea de que Dios quizá no sea únicamente lo que nosotros conocemos. Cuando no logramos la unidad con los que son diferentes, preferimos la uniformidad y llegamos a veces a imponer la unificación a la fuerza: alisamos las texturas, delimitamos nuestros símbolos y desalentamos todo lo que se aparte de esta identidad. Bajo la excusa del amor al Cuerpo de Cristo, reprimimos las diferencias y señalamos como pecado los comportamientos que no se amoldan al modelo. Cuando somos todos iguales, al menos tenemos la impresión de que estamos viviendo en un mismo espíritu y en un mismo sentir.

La palabra griega *Logos* (λόγος) –esa que aparece en el prólogo del evangelio de Juan y que nuestras Biblias traducen como *Verbo*– es un término complejo y lleno de connotaciones. El Logos era para los griegos tanto lo que se dice como aquello que posibilita la palabra. Heráclito de Éfeso dijo que por encima de todas las cosas existe un Logos, una razón o fuerza que pone orden al mundo como una represa que encauza un río desbocado.

Muchos filósofos que vinieron después de Heráclito siguieron haciendo referencia a esa inteligencia que da sentido al caos y la fuerza del término sigue presente en nuestro lenguaje en la palabra «lógica». *Logos* también se encuentra en la raíz de otras dos palabras: «monólogo» y «diálogo», y cada una de ellas traza un camino diferente en la búsqueda de esa razón que da sentido al mundo y ordena el caos.

El sendero del monólogo es aquel en el cual una sola voz puede decir todo acerca del Logos. En el monólogo no importan las opiniones; no hay construcción colectiva porque una persona, grupo o estilo de vida tienen el poder absoluto sobre la llave de la verdad.

El otro camino es el diálogo y significa descubrir el Logos junto a otros. El misterio del mundo se va desvelando poco a poco, mediante el intercambio con otras experiencias, voces y perspectivas. El Logos deja de ser percibido como una imagen que algunos conocen a la perfección y se entiende más bien como un misterio que se va revelando en el diálogo.

El filósofo judío Emmanuel Lévinas sugirió que la cultura occidental ha caído una y otra vez en la tentación del monólogo. Somos herederos de la filosofía griega, que visualizaba la verdad como si fuera una estatua de mármol de Fidias: estática, perfecta, sólida, eterna. Los griegos persiguieron el camino de la filosofía, que es el amor a la sabiduría. Lévinas propone un retorno a las raíces hebreas y a una búsqueda de esa sabiduría que nace del amor, ese conocimiento que se descubre en el contacto con el otro.

La fe cristiana no se adapta del todo al paradigma de ninguna época. Ni la uniformidad que predicó la modernidad ni la celebración posmoderna de la diversidad resuelven en sí mismas el problema. En el Evangelio coexisten diálogo y monólogo en tensión permanente. Como posmodernos, tenemos una fuerte inclinación a reconocer que el diálogo es un muy buen camino para escapar del peligro de encerrarnos en nuestras respuestas individuales. Pero esa fe en el diálogo no resuelve todos nuestros problemas. Si no tiene las marcas de Cristo, nuestro diálogo no nos va a reconciliar; va a ser únicamente, como dijo T. S. Eliot, «conocimiento de las palabras e ignorancia del Verbo». Si la tolerancia y la diversidad son nada más que una excusa para la comodidad, la multiplicidad no dará resultado: el Cuerpo de Cristo se verá igualmente desmembrado por unos discípulos orgullosos y autosuficientes. El diálogo que propone el Evangelio no se parece en nada a esa vía ancha de nuestro siglo, basada en el egoísmo, el aislamiento y la intolerancia bien maquillada. Es un camino que requiere paciencia, humildad, entrega, sumisión. Requiere mucha madurez y ninguno de nosotros puede decir que ya no necesita seguir madurando; es por eso una utopía que perseguimos mientras vamos convirtiéndonos en una nueva creación. Sin la fuerza del Espíritu que se manifiesta en verdades milenarias y descubrimientos urgentes, ningún intercambio, por más honesto y bien intencionado que sea, va a poder salvarnos. El aumento de hostilidades y fracturas en nuestro mundo de inclusión y tolerancia sugiere que, a menos que el Espíritu sople en nuestros corazones, nada nos asegura que los resultados de la ética posmoderna del diálogo sean menos nocivos que los de tiempos anteriores.

Pensar en una iglesia que construye su unidad sin caer en la tentación de la uniformidad y la unificación es bajar la velocidad en la carrera desaforada por el éxito. Incluir a los que son diferentes significa tomarse tiempo para los procesos grupales y preocuparse más por los sujetos que por los sucesos. La uniformidad parece una solución más eficiente a corto plazo pero a la larga destruye a la iglesia. Debajo de las máscaras que nos hacen parecer idénticos, está presente el germen de futuros desencuentros, pleitos y divisiones. En más de una ocasión, solo vamos a escuchar la voz de Dios –la única que puede salvarnos– cuando renunciemos a la constante tentación de querer ponerle a nuestro hermano esa máscara idéntica a nuestro propio rostro.

> *La multiplicidad no reconducida hacia la unidad es confusión. La unidad no dependiente de la multiplicidad es tiranía.*
> **Blaise Pascal**

GRAMÁTICAS DE LA IGLESIA
Costumbres y tradiciones ante el desafío de los cambios

> Es cristiano suprimir todo o al menos reducirlo si vemos que se ha convertido en un abuso que más encoleriza que reconcilia con Dios.
>
> *Martín Lutero*

Es curioso que la palabra que los griegos utilizaban para hablar del «vestido» sea *skhéma*; casi pareciera que andar sin *esquemas* para entender el mundo que nos rodea fuera también una forma de estar desnudos. Los esquemas mentales y los códigos sociales nos rescatan de la vergüenza, le ponen orden al caos y nos ayudan a interactuar con la irreductible diferencia del prójimo.

La gramática del lenguaje es un código que nos permite reconocer si una frase se amolda al parámetro colectivo o no. Son como las reglas de un juego. Su poder no reside en la imposibilidad de pensar fuera de ella; las vanguardias artísticas del siglo XX intentaron hacer justamente eso: crear nuevos códigos y sentidos en oposición a las gramáticas preestablecidas. La gramática del fútbol, por ejemplo, impide que los jugadores que no son arqueros toquen la pelota con la mano y determina que el objetivo es meter la pelota en el arco. Estas reglas podrían ser entendidas como una prohibición arbitraria o innecesaria pero la posibilidad de jugar solo existe en función de ciertas pautas que «limitan» el juego. Sin leyes, la libertad se vuelve un concepto vacío de sentido; sin las reglas del fútbol, no tendríamos los límites, objetivos y expectativas que permiten que jugadores como Messi o Ronaldinho nos asombren.

Una gramática es una serie de leyes más o menos coherentes que sirven para organizar algunas situaciones o contenidos. No solo existe gramática en la lengua; también hay gramáticas de la familia, del trabajo y el estudio, de las relaciones amorosas y las amistades, del arte, los juegos infantiles y las discusiones de salón. Todas estas gramáticas nos ayudan a encontrar nuestro lugar y función en la sociedad, como si fuéramos letras de una oración, un párrafo o un libro. Cada grupo humano está construido sobre una serie de parámetros que permiten la vida en sociedad; son como un esqueleto que puede sostener la carne de las interacciones. Estas convenciones sociales son, al igual que la gramática de la lengua, un código arbitrario, preestablecido e implícito que permite que nos entendamos. Todos confiamos en que estamos siendo leales a estas «reglas del juego» implícitas: qué significa en nuestra cultura un apretón de manos, cómo sentarse, a quién saludar y de qué manera, en qué contextos conviene gritar, cuándo se debe llorar o reír, a quién escuchar silenciosamente y bajo qué circunstancias, las palabras que son adecuadas en una situación y aquellas que están desubicadas, etc.

Antropólogos, filósofos del lenguaje, teóricos de la comunicación y de la etnografía han intentado descifrar los complejos fenómenos que permiten la existencia de los esquemas de interpretación que posibilitan la vida en sociedad. Paul Grice enfocó sus esfuerzos en el principio de cooperación que guía la voluntad de comunicación de los interlocutores; Erving Goffman se especializó en los rituales del saludo y la creación de la imagen pública; Axel Honneth abordó la cuestión de las gramáticas morales y la lucha por los derechos; George Lakoff y Geoffrey Leech estudiaron los rituales de cortesía, mientras que Kenneth Burke intentó explicar los rituales asociados con el silencio. Todos estos parámetros, ritos, esquemas, instituciones y estructuras son los cimientos sobre los que construimos nuestra vida en sociedad.

María Victoria Escandell Vidal sostiene que «solo cuando una secuencia viola las reglas de gramática, percibimos con claridad la existencia de reglas; cuando se siguen, nos centramos en el contenido»[58]. Esta misma oración podría pasar inadvertida al lector pero salta a la vista cuando cometo algún «herror» de ortografía. Nunca somos tan conscientes de la cantidad de información implícita que tienen nuestras relaciones como cuando fracasamos al intentar dialogar con alguien de otra cultura, con otras gramáticas y códigos.

Al mismo tiempo, el exceso de normas y pautas también hace difícil el entendimiento. En buena medida, la incomodidad que generan fenómenos como el fariseísmo, la burocracia y los vericuetos legales del sistema legal tienen que ver con una gramática demasiado complicada a la que solo acceden unos pocos. El palacio del Rey Sol, Luis XIV, es un claro ejemplo de esto. Cada miembro de su corte tenía funciones y atributos muy específicos que debían cumplirse a rajatabla para poder acceder a la presencia

---

58. «Cortesía y relevancia», HAVERKATE, MULDER y FRAILE MALDONADO 1998, p. 20.

del monarca. La duquesa de Orleáns decía lo siguiente sobre los complejos rituales del palacio:

> Una invitación del rey es una experiencia verdaderamente insoportable. Se reúnen todos en la sala de billar y ahí se sientan, sin emitir una sola palabra, hasta que el rey no termina su partida. Se levantan para pasar a la sala de música, en donde alguien canta un aria de una vieja ópera, la cual todos hemos escuchado cientos de veces. Después se va al baile. Muchos, como yo, no danzan. Están confinados a permanecer inmóviles por cuatro horas sin otra alternativa más que oír y ver nada más que un minué interminable. Luego participan todos en una especie de cuadrilla repitiendo mecánicamente pasos y gestos, una fatiga inútil, después de una jornada fatigosa[59].

En la corte de Luis XIV había encargados de despertarlo y de vestirlo, había un orden establecido para saludar al rey, había una persona encargada de abrir las cortinas y otra de cerrarlas. Cada dos días, Luis se afeitaba, y durante ese momento, los cortesanos debían hablar únicamente de temas relacionados con la jardinería o la caza; uno de ellos tenía el honor de sostener un espejo para que el rey mirara al barbero. A la hora del desayuno, diferentes familiares, sirvientes y nobles debían acercarle al rey elementos específicos de su vestimenta; así, por ejemplo, el corbatero de la corte debía hacer el nudo de la corbata pero era el maestro del guardarropa quien tenía el encargo de colocarla. Así continuaba el día del Rey Sol y sus puntillosos cortesanos. Estos ejemplos ponen en evidencia que tanto la abundancia exagerada de códigos como su carencia dificultan la comunicación.

Timothy Keller señala que «no existe un libro de Levítico en el Nuevo Testamento que dicte qué comer, qué ponerse, o cómo regular toda una multitud de prácticas culturales»[60]. Los seguidores de Jesús también tenemos nuestras propias gramáticas y, ciertamente, no estamos exentos de los mecanismos que sostienen a otros grupos sociales. Los cristianos de la India y los que se reúnen en Finlandia celebran su comunión de maneras muy distintas; pentecostales, hermanos libres y bautistas, ortodoxos, católicos y protestantes, habitantes del campo o la ciudad, de clase media, baja o alta, niños, jóvenes y mayores... todos respetamos una serie de principios invisibles que crean nuestra propia forma de ser iglesia. Reglas, rituales, esquemas y símbolos adquieren su significado únicamente en contexto; fuera de él, se vuelven superficiales, desubicados, ridículos. He participado en algunas celebraciones de una pequeña iglesia nigeriana y solo puedo imaginar el impacto de sus coloridas coreografías y la extensa

---

59. GUADA 2008.
60. KELLER 2012, Op. Cit.

duración de sus reuniones en una iglesia tradicional de mi país o en una comunidad luterana de Noruega. El derroche y la suntuosidad de algunas catedrales de Estados Unidos parecen casi pornográficas desde la marginalidad de una villa de mi ciudad o una favela de Río de Janeiro.

Algo en la identidad de la iglesia nos mueve hacia la superación de las gramáticas. Las instituciones humanas luchan por preservarse en el tiempo y evitar la fragmentación, y aunque la iglesia también participa de esos deseos, nuestra patria es eterna. Estamos llamados a ser imagen de Cristo y encarnar el Evangelio en palabras y hechos. No podemos darnos el lujo de que nuestras gramáticas y costumbres nos impidan abrazar a las criaturas que Dios ama. Pero lamentablemente esto es lo que suele suceder. Constantemente confundimos nuestras formas culturales con las formas del Evangelio. Seguimos repitiendo los excesos de esos devotos misioneros británicos y estadounidenses que exportaban su fe a todo el mundo pero a menudo la encapsulaban en un rígido molde cultural. Nos cuesta aceptar que otros encuentren caminos y vivan experiencias con Dios fuera de los senderos ya recorridos. Somos críticos con las formas que nacen de un paradigma diferente al nuestro y nos defendemos a menudo con argumentos extraídos de las Escrituras según nuestro antojo. Ante la duda, alejamos a los diferentes, exaltamos la normalidad y rechazamos el susurro del Espíritu y los consejos bíblicos que ponen en crisis nuestro estilo de vida.

Ya mencionamos antes que las posiciones extremas dificultan la buena comunicación. Nadie discute la validez de los códigos; sería inmaduro e irreal defender un proyecto de iglesia sin costumbres, sin ritos más o menos pautados ni estructuras para contener la complejidad de la vida. Sin gramática, no existe diálogo. Sin embargo, este no suele ser el gran pecado de la iglesia, que por momentos parece recordar a la corte de Luis XIV en Versalles. Cuando las costumbres y códigos a los que estamos acostumbrados se vuelven una piedra de tropiezo que aleja a los buscadores del encuentro con Jesús, aquello que era nada más que un vestido, un *skhéma*, una gramática útil para permitir el diálogo, se convierte en una herramienta perversa que distrae a la iglesia de su identidad y misión. En su carta a los Romanos, Pablo advertía: «No permitas que lo que tú comes destruya a alguien por quien Cristo murió» (14:15); a fin de cuentas, «el reino de Dios no se trata de lo que comemos o bebemos», de nuestros esquemas y gustos, de nuestras tradiciones y gramáticas, «sino de llevar una vida de bondad, paz y alegría en el Espíritu Santo» (vs. 17). Como un eco de las palabras del apóstol, Martín Lutero afirmaba que cada cristiano debe reducir o suprimir cualquier tendencia que no trabaje en pos de la reconciliación con Dios.

El lema de la Real Academia Española fue durante mucho tiempo «limpia, fija y da esplendor». La lengua de Cervantes y el Siglo de Oro, de Bécquer y Pérez Galdós se exhibía como un emblema de pureza y distinción.

El rol de la Academia era señalar el uso correcto y condenar el incorrecto. Pero con el cambio de época de finales del siglo pasado, los miembros de la RAE decidieron repensar su propósito. Ya no se dedican a combatir a los enemigos de la pureza; hoy prefieren describir los diferentes usos de la lengua y promover la unidad lingüística. Hasta la rígida Academia de antaño ha comprendido que las gramáticas no son una fuente de verdades absolutas, sino que deben actualizarse a sus contextos.

La iglesia se enfrenta constantemente con dos peligros. En primer lugar, el desprendimiento del tiempo. Hacemos esto cuando divinizamos formatos y códigos humanos y los identificamos con la voluntad de Dios. Esta inclinación nos lleva a petrificar ciertas gramáticas, personas o formas de hacer las cosas. Repetimos el error de la Real Academia Española pero cambiamos los nombres de Cervantes y Bécquer por los de San Agustín, Santo Tomás, Lutero, Calvino, Wesley, la denominación, la tradición o cualquier otra fuente de respeto. Nuestros predecesores respondieron humildemente a su contexto; nosotros adoptamos su respuesta aunque en nuestra situación, su significado y valor sean otros.

El segundo gran peligro de la iglesia es volverse prisionera del tiempo. Hacemos esto cuando no logramos separar las características de nuestra época de las características de nuestra misión. Esta tentación puede llevarnos a elegir la novedad por encima del discipulado. «Cristo ordena la presencia de la iglesia en el mundo, pero no que el mundo se meta en la iglesia»[61], dice José María Martínez. En la búsqueda de renovar todas las cosas y revisar todas las gramáticas, podemos llegar a olvidar el motivo de todo el esfuerzo: ser cada día más parecidos a nuestro Maestro. En nuestros tiempos de tirano individualismo, necesitamos recordar que, etimológicamente, *discipulado* y *disciplina* provienen de la misma raíz; no podemos decir que nos identificamos con Jesús si no disciplinamos nuestra vida a su seguimiento.

Toda la vida cristiana está atravesada por la tensión entre el ser y el estar, entre el dogma y las circunstancias. Los teólogos resumen esta puja con los términos *ahora* y *todavía no*. Esto significa que los hijos de Dios vivimos la experiencia del tiempo de una forma extraña; no estamos completamente atados a la lógica de los relojes pero tampoco estamos al margen de ellos. Significa también que estamos sentados con Cristo en los lugares celestiales incluso cuando a nuestro alrededor no vemos tronos, sino escombros. Significa que el Reino del Padre ya está entre nosotros y, al mismo tiempo, que debemos seguir anhelando su revelación completa. Es *ahora* porque vivir con los ojos en el pasado o en el futuro significa negar el poder del Evangelio; no hay contexto que la presencia del Espíritu no pueda redimir.

---

61. GRAU y MARTÍNEZ 1973, p. 40.

Pero también es *todavía no* porque Cristo es Señor de la historia, de todas las gramáticas, paradigmas y modos; aunque estuvo dispuesto a participar en nuestro tiempo, el Verbo también existía antes del tiempo, fue el motor que movilizó la Creación y un día reunirá en sí mismo todas las cosas.

Aunque hoy Pablo pareciera un estandarte de ortodoxia, en su tiempo fue una figura mucho más extraña. En sus cartas, el apóstol defendía su ministerio una y otra vez, lo que da la pauta del descrédito que sufría. Pablo era un perseguidor convertido, un judío con pasaporte romano, un apóstol abortivo, un filósofo cristocéntrico. Estas características lo convirtieron en un mediador de la naciente iglesia; su formación y trasfondo, a mitad de camino entre los griegos y los judíos, era un punto de encuentro entre ortodoxos acérrimos (como Santiago) e intelectuales periféricos (como Lucas). En la primera epístola a los corintios, el apóstol de Tarso escribió: «No hago solo lo que es mejor para mí; hago lo que es mejor para otros a fin de que muchos sean salvos» (1 Co. 10:33). Si el Reino de Dios no tiene que ver con esquemas sino con vidas cambiadas, ser maduro en la fe significa dejar de lado el beneficio y la comodidad: hacerse griego ante los griegos para llegar a ellos y, cuando sea necesario, desechar esos esquemas y hacerse como uno de los judíos para poder alcanzarlos. La fidelidad de la iglesia no está ligada a ninguna gramática, sino al seguimiento de Cristo, el Mesías ambulante, el que es un Camino que se conoce y se descubre a lo largo de todo tipo de paisajes y desafíos. El Espíritu sigue llamándonos: a *desnaturalizar* las prácticas repetidas para que no terminemos adorando los espejismos de ciertas formas culturales; a *desautomatizar* la repetición mecánica para poder juzgar nuestros vestidos, reconocer nuestra vergüenza y arrepentirnos; a *deconstruir* los edificios milenarios, las rocas inamovibles e incluso las piedras preciosas a fin de que ninguna gramática logre esconder la belleza eterna de nuestra piedra fundamental.

Nuestra fe en el único Absoluto nos obliga a relativizarlo todo, incluso nuestras propias instituciones eclesiales.
José González Ruiz

LAS MODAS DE LA IGLESIA
Exigencias del espíritu de la época y obediencia a Cristo

> *El cristianismo está siempre fuera de moda porque siempre es cuerdo, y todas las modas son insanias agradables.*
> **G. K. Chesterton**

Ruth Amossy y Anne Herschberg Pierrot sostienen que los clichés y los estereotipos representan una parte fundamental de aprender qué significa vivir en sociedad. En sí mismo, y contra lo que podríamos pensar, el estereotipo no es una cosa negativa: son las condiciones de su uso las que determinan su utilidad o peligro. Otros estudios sugieren que los estereotipos están íntimamente ligados a la necesidad infantil de poder diferenciar con claridad entre el bien y el mal.

En la primera mitad del siglo XX, las vanguardias artísticas se encargaron de criticar las formas fijas que la tradición había establecido. Futuristas, dadaístas, cubistas, expresionistas y surrealistas combatieron con toda determinación los estereotipos del arte, la política y la sociedad. Poco antes de morir, el escritor francés André Breton, alma mater del surrealismo, le confesó con extrañeza al cineasta español Luis Buñuel: «Querido amigo, ya nadie se escandaliza de nada». En nuestra era, los clichés no tienen buena prensa. Rechazamos instintivamente las tradiciones, los moldes, los lugares comunes y los caminos ya transitados; preferimos seguir la brújula de la ruptura y la reinvención constante. Ser diferente está de moda.

Nadie quiere lo antiguo porque esto reduce las posibilidades de aventura y asombro. Los *millenials*, más que ninguna otra generación anterior, hemos sido adiestrados para creer que somos especiales. La televisión y los libros de autoayuda, la música que suena en las listas de reproducción y hasta los pastores repiten al unísono que no debemos seguir la corriente ni hacer lo que todos hacen; la felicidad se encuentra en ignorar las opiniones ajenas y seguir el dictado del corazón. Las carreras universitarias son cada vez más específicas, al igual que los perfiles que buscan las empresas; es incluso mejor visto ser un emprendedor que un empleado que sigue las instrucciones de otro. La enorme oferta del campo de las artes permite satisfacer una amplia variedad de paladares; las zapatillas, las páginas web y las drogas se adaptan a la medida del consumidor. La posmodernidad es intrínsecamente individualista; el mantra de nuestra era es que nosotros somos «el único punto estable en un universo de objetos móviles»[62]. Una publicidad de teléfonos italiana terminaba con un elocuente eslogan: «Todo gira a tu alrededor». En un mundo superpoblado, todos tenemos que lograr distinguirnos de los demás; pueden ser ciertos intereses o hobbies, la forma de vestir o los gustos musicales, las características únicas de nuestro trabajo o grupo social. Para afirmar nuestra individualidad y no perdernos en la multitud, debemos descubrir aquello que nos hace especiales. Las redes sociales nos permiten recortar los elementos de nuestra vida que elegimos compartir; este es el *perfil* que le mostramos al mundo.

Pero al mismo tiempo, y de forma paradójica, la posmodernidad es instintivamente gregaria: amamos estar en grupo, valoramos la opinión de los más íntimos, acomodamos nuestros hábitos en función de las tendencias globales. En su libro *La era del vacío*, Gilles Lipovetski denomina a este fenómeno «narcisismo colectivo». Cornelius Castoriadis menciona que estamos observando el avance de la insignificancia: no sabemos cómo pensarnos a nosotros mismos ni como individuos ni como sociedad. Quizá nunca antes estuvimos tan conectados como hoy. Nuestra sociedad de consumo es también una sociedad de masas que, a través de un complejo recorrido de mercancías culturales y simbólicas, no deja de pregonar cuáles son los estilos musicales de moda, los personajes del momento, el último fenómeno de internet y las tendencias del verano. La globalización convirtió a este proceso de homogeneización en una realidad que trasciende las fronteras; la cultura global es como un mosaico donde conviven retazos de tradiciones, figuras y contenidos que dialogan vagamente en redes sociales y medios masivos.

El teólogo alemán Jürgen Moltmann escribió: «Toda comunidad humana responde a su entorno y lo refleja. La iglesia no es una excepción»[63]. Al igual que en muchos otros frentes, los cristianos no estamos ajenos a los mecanismos de nuestro entorno. Esa famosa instrucción de Pablo –«no se conformen a este mundo»– suele aplicarse puramente al campo moral y no al cuestionamiento del entorno cultural y el espíritu de la época. En nuestros argumentos, programas y prácticas reproducimos por

---

62. BAUMAN 2009, Op. Cit., p. 84.
63. MOLTMANN 1978, p. 134.

decisión, ingenuidad o negligencia muchas de las características de la realidad que nos rodea. La iglesia no se suele caracterizar por su ojo crítico para analizar las modas. Cuando algún predicador o escritor famoso acuña alguna novedad, la respuesta no se demora y empieza a reproducirse de púlpito en púlpito. Las reuniones van incorporando ritmos y dinámicas según el estándar de la industria del espectáculo; el tipo de música, la decoración y las luces, la multimedia y el tono de los sermones se actualizan de tanto en tanto. Las canciones de grupos y solistas mexicanos, australianos o norteamericanos –según el momento– se repiten como un Padrenuestro.

Estas adaptaciones del espíritu de la época en las actividades eclesiásticas no sorprende; sería impensable una iglesia que no tuviera rastros de su contexto. El asombro se genera, o al menos eso me pasa a mí, cuando se busca legitimar la moda desde las Escrituras sin admitir lo temporal y arbitrario de nuestras preferencias.

Ralph Waldo Emerson dijo que cuando uno patina sobre hielo fino, la salvación es la velocidad. Nuestra amada hipercomunicación carece de profundidad así que la suplimos con una cantidad abrumadora de información; las modas son efímeras e intensas, se consumen rápidamente y dejan el espacio para que otro fenómeno llene el hueco. Es la era de los *reality shows* y todo tiene que existir en la pantalla. La vida y obra de las estrellas de Hollywood se comentan como si fueran las de nuestros propios vecinos; a través de internet participamos de las desgracias de un pobre desconocido de la otra punta del planeta. Alcanzar la paz y la claridad de la verdad es una tarea titánica porque el mundo es terriblemente grande; desde la extinción de las ballenas del Ártico hasta los atentados terroristas de Oriente Medio y la tensión política de Estados Unidos y la Unión Europea, pareciera que todos los problemas del mundo nos involucran.

La sobrecarga de información es también una forma de parálisis; como sugiere Daniel Tomasini, «la estrategia de la apatía consiste en *abolir* lo trágico, pero no por falta de información sino por exceso»[64]. La voracidad es un pecado posmoderno. Somos adictos a la novedad. Recorremos la web sin rumbo para descubrir el último vídeo extravagante o el meme del momento. Leemos la Biblia con ansias por descubrir una «palabra fresca» que nos revele una verdad oculta por miles de años. Queremos vivir las experiencias más espirituales y de continuo, queremos el frenesí instantáneo. Las modas efímeras son, para ansiosos como nosotros, un remedio contra la rutina y el aburrimiento.

---

64. «La ética en la posmodernidad: una perspectiva psicoanalítica», SIK HONG, MOFFATT, TOMASINI y BEDFORD 2001, p. 64.

La tercera ley de Newton –la que sostiene que a cada acción corresponde una reacción en la dirección contraria– tiene una interesante aplicación en lo que respecta a las modas. Los errores y olvidos de una tendencia motivan el surgimiento de otra; la inconformidad que genera el presente moviliza la búsqueda de nuevas fuentes de satisfacción. El poeta cubano José Martí escribió que «tras las épocas de fe vienen las de crítica. Tras las de síntesis caprichosa, las de análisis escrupuloso. Mientras más confiada fue la fe, más desconfiado es el análisis, mientras mayor fue el abandono de la razón, con más atrevimiento y energía luego se emplea»[65]. Durante buena parte de mi adolescencia contemplé el nacimiento y la desaparición de diferentes modas en la iglesia. De repente todos los congresos y sermones se interesaban en la moda de turno; por un tiempo fue la guerra espiritual, en otro momento fue la sanación interior, y también hubo espacio para la profecía o la adoración. En ese entonces no podía darme cuenta de que los extremos de una moda preparaban el camino para la siguiente. La guerra espiritual era intensa y ponía énfasis en las emociones; cuando la moda se agotaba, el interés por el sosiego y la racionalidad de la sanación interior crecía. Y así una y otra vez. Ya lo dijo Thomas Kuhn[66] al hablar de la ciencia pero creo que el principio también se aplica a las modas de la iglesia: los cambios y revoluciones suelen estar más relacionados con el aburrimiento que con la búsqueda de la verdad.

Eduardo Mallea sostiene que atreverse a ser libre es «el modo más grande de ser responsables»[67]. La confianza en el poder de las modas, sean efímeras o duraderas, le quita a Dios uno de sus atributos: la capacidad de ser Creador. El poder infinito del Evangelio se manifiesta en la responsabilidad del acto creativo, valiente, inesperado y entregado a la obediencia a Dios. La vida de Jesús fue un asombro y una confrontación para sus contemporáneos y esto se debe en parte a que su mensaje ponía en crisis las estructuras de su tiempo pero en parte a que Cristo vivía sus ideas honestamente; a diferencia de sus contemporáneos, hablaba con verdadera autoridad. Los evangelios muestran que el Señor no temía a las situaciones desconocidas; era justamente allí, ante el desafío de tener que responder a lo inusual, donde encontraba su novedosa, frágil y paradójicamente triunfante respuesta. Jesús aprovechó la pregunta capciosa sobre el divorcio para señalar la dureza del corazón humano; la moneda del César despertó en Él la reflexión sobre su propio señorío; ante aquellos que querían contemplar un milagro mediante la imposición de manos, el Señor se animó a probar el polémico método de la saliva; el acoso de los cobradores del

---

65. MARTÍ 1963, Op. Cit., vol. XII, p. 199.
66. KUHN 1971.
67. «Sentido de la inteligencia en la expresión de nuestro tiempo», citado en OCAMPO 2005, p. 113.

templo fue el escenario perfecto para tener una conversación con Pedro sobre su filiación divina. Incluso cuando Cristo repetía los aspectos más tradicionales de la fe de su pueblo, la vitalidad de su propuesta exponía las intenciones de sus interlocutores; esto es evidente en su reflexión sobre el diezmo y también en el Sermón del Monte, al hablar de la oración, el ayuno y las limosnas.

El éxito de Jesús no reposa en la repetición de las modas de los Mesías de turno, sino en la exposición a situaciones imposibles de controlar en obediencia al Padre. La iglesia que repite por ósmosis, que copia las modas culturales o los triunfos espirituales de algunos iluminados es arrastrada por la corriente. *No conformarse a este mundo* implica mucho más que utilizar una vestimenta diferente a la de los no creyentes, mirar otros canales, usar otras palabras o escuchar otra música; significa rechazar todo molde que intente dictarle al Espíritu dónde tiene que soplar.

> *Los seguidores de Jesús deben ser diferentes: diferentes tanto de la iglesia nominal como del mundo secular, diferentes tanto del religioso como del irreligioso.*
> **John Stott**

«...Y DIO DONES A SU PUEBLO»
Formas alternativas de pensar los dones y carismas de la iglesia

Dime cómo clasificas y te diré quién eres.
Roland Barthes

Hace un tiempo me invitaron a escuchar una exposición sobre los dones espirituales. Los presentes nos sentamos en ronda y comenzamos a hacer circular unas hojas; en ellas había un catálogo con 26 dones, acompañado por una breve explicación de cada uno y las referencias bíblicas que los justificaban. Los dones eran definidos como la capacidad especial que Dios da a ciertos miembros de la iglesia para realizar una serie de actividades. Según dijeron, si podíamos identificar nuestro don, nuestra vida de fe y servicio tomarían más orden y sentido. Nos dieron unos minutos frente a las hojas para que pudiéramos meditar; la lista contenía los siguientes elementos:

- profecía,
- pastor,
- enseñar,
- palabra de sabiduría,
- palabra de ciencia,
- exhortar,
- discernimiento de espíritus,
- dar o repartir,
- servicio,
- misericordia,
- apóstol,
- evangelista,
- presidir (liderazgo),
- administración,
- fe,
- milagros,
- sanidad,
- lenguas,
- interpretación de lenguas,
- ayuda,
- hospitalidad,
- misionero,
- intercesión,
- exorcismo o liberación,
- pobreza voluntaria,
- celibato.

En un primer momento, la abundancia de citas bíblicas parecía justificar la dinámica. Pero al chequear las referencias, comenzaron a salir a flote las explicaciones sin sentido, la artificialidad de algunas interpretaciones y el forcejeo al texto para hacerle decir a la Biblia lo que se quería acentuar. Con excepción de algunos casos, las Escrituras no identificaban la mayoría de los supuestos dones espirituales con el servicio de algunas personas, sino con un comportamiento al que estamos llamados todos los discípulos por igual. Los versículos expuestos tampoco daban generalmente la impresión de referirse a prácticas extraordinarias, sino más bien a elementos naturales de una vida de fe saludable.

El argumento central a favor del «don de hospedaje» venía de un texto de la Primera carta de Pedro que, de manera evidente, subraya el aspecto general de su aplicación: «Abran las puertas de su hogar con alegría al que necesite un plato de comida o un lugar donde dormir» (4:9). El «don de exorcismo o liberación» era explicado mediante Mateo 10:8: «Sanen a los enfermos, resuciten a los muertos, curen a los leprosos y expulsen a los demonios. ¡Den tan gratuitamente como han recibido!»; esta instrucción de Jesús a todos sus discípulos parecía tener poco que ver con esa capacidad especial que Dios da a ciertos miembros de la iglesia. La escena del Juicio de Mateo 25 era el mayor argumento a favor del «don de misericordia»: «Tuve hambre, y me alimentaron. Tuve sed, y me dieron de beber. Fui extranjero, y me invitaron a su hogar. […] Cuando hicieron alguna de estas cosas al más insignificante de estos, mis hermanos, ¡me lo hicieron a mí!» (vs. 35 y 40); el tono apocalíptico del relato poco tiene que ver con habilidades únicas, responsabilidades particulares o incluso una situación interna de la iglesia. Dos fragmentos del libro de Hechos justificaban el «don de pobreza voluntaria»: «Todos los creyentes se reunían en un mismo lugar y compartían todo lo que tenían. Vendían sus propiedades y posesiones y compartían el dinero con aquellos en necesidad» (2:44,45); y «no había necesitados entre ellos, porque los que tenían terrenos o casas los vendían y llevaban el dinero a los apóstoles para que ellos lo dieran a los que pasaban necesidad» (4:34,35). Una vez más, ambos textos señalan la generalidad de la práctica pero se utilizaban para resaltar su particularidad. La vacilación era constante: se mezclaban las actividades que se esperan en todos los creyentes con aquellos dones repartidos de manera particular. Podemos suponer que semejante confusión no es inocente ya que puede ser usada como una excusa para olvidar ciertas prácticas de la fe. Es fácil justificar la falta de empatía si no recibí el «don de misericordia»; una buena excusa para la avaricia es la ausencia del «don de dar». Exhortar, servir y tener misericordia, evangelizar, ser mayordomo y dar, tener fe, hacer milagros, sanar, ayudar y dar hospitalidad, ser testigos del Evangelio acá o en cualquier otro lugar, interceder y liberar no son dones que distinguen a ciertos miembros del Cuerpo de Cristo; deberían distinguir a todos los santos.

La palabra que traducimos como «don» proviene del griego *charismata*, un término usual en el vocabulario de Pablo. En tres epístolas paulinas encontramos catálogos de dones que han servido como fundamento de mucho de lo que se dice al respecto. En Romanos leemos:

> Dios, en su gracia, nos ha dado dones diferentes para hacer bien determinadas cosas. Por lo tanto, si Dios te dio la capacidad de profetizar, habla con toda la fe que Dios te haya concedido. Si tu don es servir a otros, sírvelos bien. Si eres maestro, enseña bien. Si tu don consiste en animar a otros, anímalos. Si tu don es dar, hazlo con generosidad. Si Dios te ha dado la capacidad de liderar, toma la responsabilidad en serio. Y si tienes el don de mostrar bondad a otros, hazlo con gusto (12:6-8).

En Efesios, Pablo ve la diversidad de los dones como un sendero que guía a la unidad de la iglesia:

> Hay un solo cuerpo y un solo Espíritu, tal como ustedes fueron llamados a una misma esperanza gloriosa para el futuro. Hay un solo Señor, una sola fe, un solo bautismo, un solo Dios y Padre de todos, quien está sobre todos, en todos y vive por medio de todos. No obstante, él nos ha dado a cada uno de nosotros un don especial mediante la generosidad de Cristo. [...] Ahora bien, Cristo dio los siguientes dones a la iglesia: los apóstoles, los profetas, los evangelistas, y los pastores y maestros. Ellos tienen la responsabilidad de preparar al pueblo de Dios para que lleve a cabo la obra de Dios y edifique la iglesia, es decir, el cuerpo de Cristo. Ese proceso continuará hasta que todos alcancemos tal unidad en nuestra fe y conocimiento del Hijo de Dios y seamos maduros en el Señor, es decir, hasta que lleguemos a la plena y completa medida de Cristo (4:4-7,11-13).

El tercer catálogo se encuentra en Primera Corintios, una carta dirigida a una iglesia llena de dones; esa abundancia representaba su mayor bendición y también la médula de sus problemas. Antes de guiar a los corintios al camino más excelente, el del amor, Pablo escribe:

> Dios trabaja de maneras diferentes, pero es el mismo Dios quien hace la obra en todos nosotros. A cada uno de nosotros se nos da un don espiritual para que nos ayudemos mutuamente. A uno el Espíritu le da la capacidad de dar consejos sabios; a otro el mismo Espíritu le da un mensaje de conocimiento especial. A otro el mismo Espíritu le da gran fe y a alguien más ese único Espíritu le da el don de sanidad. A uno le da el poder para hacer milagros y a otro, la capacidad de

profetizar. A alguien más le da la capacidad de discernir si un mensaje es del Espíritu de Dios o de otro espíritu. Todavía a otro se le da la capacidad de hablar en idiomas desconocidos, mientras que a otro se le da la capacidad de interpretar lo que se está diciendo. [...] A continuación hay algunas de las partes que Dios ha designado para la iglesia: en primer lugar, los apóstoles; en segundo lugar, los profetas; en tercer lugar, los maestros; luego los que hacen milagros, los que tienen el don de sanidad, los que pueden ayudar a otros, los que tienen el don de liderazgo, los que hablan en idiomas desconocidos. ¿Acaso somos todos apóstoles? ¿Somos todos profetas? ¿Somos todos maestros? ¿Tenemos todos el poder de hacer milagros? ¿Tenemos todos el don de sanidad? ¿Tenemos todos la capacidad de hablar en idiomas desconocidos? ¿Tenemos todos la capacidad de interpretar idiomas desconocidos? ¡Por supuesto que no! (12:6-10,28-30).

Taxonomía es el nombre que se le da a cualquier tipo de clasificación. Posiblemente, la taxonomía más famosa de todas es la del príncipe de los botánicos, Linneo, quien diseñó una minuciosa clasificación para afirmar el orden absoluto que existe en la naturaleza. Bajo su influencia, las Ciencias Naturales intentaron construir categorías claramente diferenciadas para entender el funcionamiento del mundo físico. El deseo de clasificar se convirtió, en diferentes momentos de la historia moderna, en una especie de manía. La obsesión taxonómica surge de una concepción racionalista: sentimos que conocemos algo cuando podemos meterlo en un casillero; logramos entender la realidad cuando podemos clasificarla.

Eventualmente las Ciencias Sociales también comenzaron a organizarse de manera sistemática según el ejemplo de Linneo; el deseo de antropólogos y sociólogos de todo el siglo XIX y buena parte del XX fue lograr explicar la complejidad de la experiencia humana a partir de algunos principios generales. Esas tendencias confluyeron en un movimiento casi hegemónico a mediados del siglo XX, el estructuralismo, que intentaba descubrir las taxonomías que subyacen a la vida humana: desde la organización de una sociedad a la literatura universal, pasando por la forma que adoptan las artes, las características del lenguaje y las herencias idiomáticas, las interacciones en los espacios públicos y las fábulas infantiles rusas.

En 1952, cuando el estructuralismo dominaba el panorama científico a escala global, el escritor argentino Jorge Luis Borges publicó el ensayo «El idioma analítico de John Wilkins». Allí decía recordar una apócrifa enciclopedia china llamada *El Emporio celestial de conocimientos benévolos*, que establecía una taxonomía entre las siguientes categorías de animales:

- pertenecientes al Emperador,
- embalsamados,
- amaestrados,
- lechones,
- sirenas,
- fabulosos,
- perros sueltos,
- incluidos en esta clasificación,
- que se agitan como locos,
- innumerables,
- dibujados con un pincel finísimo de pelo de camello,
- etcétera,
- que acaban de romper el jarrón,
- que de lejos parecen moscas.

La lista de Borges, en algún punto similar a la de Linneo y sin embargo tan ajena a nuestra percepción occidental, señala con fuerza que «no hay clasificación del universo que no sea arbitraria y conjetural. La razón es muy simple: no sabemos qué cosa es el universo»[68]. Del núcleo del estructuralismo fue naciendo la pulsión contraria: la intuición de que las categorías no siempre ayudan al conocimiento, sino que pueden también dificultarlo. El posestructuralismo llevó hasta las últimas consecuencias este desprecio por las taxonomías. Pensadores como Edgar Morin, Frederic Jameson, Gilles Deleuze, Giorgio Agamben, Jean Baudrillard, Judith Buttler y Jacques Derrida se refugiaron en la supremacía de la subjetividad para proclamar que no existen taxonomías estáticas ajenas al individuo. Las categorías no existen en la realidad misma, sino en el acto de percepción, no son parte del texto, sino que nacen con la lectura. Estas ideas de los posestructuralistas se han convertido en estandartes de la posmodernidad. Esto es evidente en fenómenos como la predilección por el caos, la exageración y el absurdo, y la tendencia a utilizar el collage y el pastiche como formas artísticas. Este rechazo de las categorías cerradas, esencialistas o prexistentes se encuentra también en la mayor parte de las luchas por el género y la ética sexual, la justificación de la vida o la muerte, los diversos proyectos de país, los Derechos Humanos, etc.

No es novedad que la iglesia suele llegar tarde a los procesos culturales. Mi experiencia en el curso de dones me hizo pensar en que seguimos manteniendo una obsesión taxonómica como la del siglo XIX: el deseo de poseer un mapa con categorías generales para poder explicar las experiencias particulares. ¿Cómo debemos interpretar los textos bíblicos sobre el tema de los dones? ¿Se puede hacer un catálogo al respecto o solamente una descripción? ¿El número es cerrado y específico o abierto y general? ¿Son categorías que están por encima de las experiencias particulares o ayudas para entender esas experiencias? La Biblia, que es un libro ajeno a

---

68. BORGES 2011b, p. 130.

nuestro espíritu racionalista, se rebela a menudo contra nuestra obsesión por las clasificaciones; un ejemplo de esto es la tensión que existe entre las diferentes listas de dones que ofrece el Nuevo Testamento. Efesios, por ejemplo, habla del perfeccionamiento de los santos; con ese fin, «Cristo dio los siguientes dones a la iglesia: los apóstoles, los profetas, los evangelistas, y los pastores y maestros» (4:11). Sin embargo, en Primera Corintios la lista es diferente en cantidad y orden: «En primer lugar, los apóstoles; en segundo lugar, los profetas; en tercer lugar, los maestros; luego los que hacen milagros, los que tienen el don de sanidad, los que pueden ayudar a otros, los que tienen el don de liderazgo, los que hablan en idiomas desconocidos» (12:28).

Durante mucho tiempo, la legitimidad de una obra literaria estaba conectada en buena medida a su pertenencia a un género o formato específico: novela de caracteres, de aventuras o de aprendizaje; género policial, romántico o realista; descripciones naturalistas o parnasianas. Al siglo XIX le gustaban las categorías claras; lo que no entraba en ellas, era ignorado o prácticamente invisible. Pero desde fines del siglo XIX, la tendencia se fue invirtiendo; intelectuales y artistas se abocaron a desafiar las categorías que servían hasta entonces para entender la experiencia. Los escritores comenzaron a sentirse incómodos con los bordes que les ponían los géneros literarios, así que se lanzaron a mezclarlos sin culpa, a superponer influencias, sentidos y formatos. Marcel Proust y Virginia Woolf lo hicieron al desbordar sus conciencias, y T. S. Eliot al mezclar lo clásico y lo moderno; Apollinaire y Breton fusionaron figura y fondo, y James Joyce convirtió su *Ulises* en una licuadora de estilos, tendencias y posibilidades; Chesterton usó el género policial y Kafka la ficción para entrar en el terreno de la especulación espiritual y metafísica; los periféricos Oliverio Girondo, César Vallejo, Vicente Huidobro y Macedonio Fernández se adelantaron desde América Latina a las vanguardias europeas.

La genialidad pone en crisis a la taxonomía. Antes de estos pioneros, los géneros literarios eran vistos como cajas que contenían la experiencia de todo tipo de autores. El género realista, por ejemplo, era un depósito bastante claro que delimitaba cierto tipo de producciones y las diferenciaba de otras, encerradas a su vez en sus propios géneros y límites precisos. Después de la revolución cultural del siglo XX, ya no podemos seguir viendo los géneros de la misma manera; la complejidad de la experiencia trasciende los límites de nuestras categorías. Jacques Derrida escribió: «Un texto no pertenecería a ningún género. Todo texto participa de uno o varios géneros […] pero esa participación no es jamás una pertenencia»[69]. Actualmente, los géneros literarios no se estudian como bordes que organizan la

---

69. *La ley del género*, citado en LINK 1992, p. 9.

experiencia estética sino, más bien, en una relación de centro y periferia: una novela no es en esencia realista o expresionista, sino que se sitúa más cerca o más lejos del centro en relación con ideas previas de lo que significan esas categorías.

La obsesión taxonómica se choca, tarde o temprano, con la inmensidad de lo real. En vez de pensar los dones como categorías cerradas, quizá conviene imaginarlos como tendencias y posibilidades, como claves de sentido que nos ayuden a comprender mejor nuestra propia experiencia. A fin de cuentas, Pablo reconoció el carácter único de los dones: «Cada uno tiene su don específico de Dios, unos de una clase y otros de otra» (1 Co. 7:7). Cuando la Biblia habla de dones, los presenta menos como una norma que como una descripción. Cada discípulo es una intersección en la que se cruzan dones y talentos que, de formas más o menos evidentes, enriquecen nuestra propia vida de fe y la de los demás. No es la visibilidad ni el prestigio lo que debería mover nuestra búsqueda espiritual, sino que debemos «desear encarecidamente los dones que son de más ayuda» (1 Co. 12:31). Nuestra teoría de los dones –y esto es igualmente aplicable a otras situaciones problemáticas de la iglesia– no debería ceder ante la obsesión taxonómica de clasificar las experiencias espirituales, sino más bien ayudar a entenderlas. En el momento en el que le ponemos barrotes a la acción de Dios, nuestra categoría se vuelve obsoleta. No nos corresponde meter a alguien a la fuerza en la descripción de un don; son las características del don las que están en mayor o menor medida presentes en alguien. No es mi vida la que debe amoldarse al don de profecía, de pastorado o de servicio; más bien, esos dones ofrecen ciertas posibilidades, de las que participaré con más o menos intensidad, bien en el centro o más hacia la periferia. El Espíritu sigue moviéndose en su iglesia hoy como lo hizo al principio de los tiempos ante las caóticas aguas. La multiforme gracia de Dios nos invita constantemente a encontrar nuevos sentidos, a partir de nuestros cambiantes contextos, a su enigmática obra entre nosotros.

El don de Dios es Dios mismo.
Henri de Lubac

CULTOCENTRISMO

La liturgia de la iglesia hoy y el testimonio de los primeros cristianos

> *La mejor medida de una vida espiritual no la constituyen los éxtasis sino la obediencia.*
>
> Oswald Chambers

Las palabras y obras de Jesús de Nazaret han marcado a fuego la historia universal y un sinfín de historias particulares; es tan inmenso su legado que pareciera que nunca terminamos de pensarlo y nombrarlo, que es imposible recopilar y extraer todas las consecuencias de su paso por la tierra. Los historiadores y filósofos, los moralistas y teólogos, los literatos, los artistas, los hombres y mujeres que seguimos comentando sus parábolas y milagros somos atraídos por Jesús y vamos releyendo su vida desde diferentes lugares, búsquedas y sentidos.

Debemos al escritor de Hebreos una de las lecturas más influyentes sobre el valor y la relevancia de Jesús. Mediante un tono solemne y que se parece a una homilía, Hebreos conecta a Cristo con la tradición ritual, litúrgica y cultural de Israel, lo presenta como el Mesías esperado, el Sumo Sacerdote definitivo que vino del cielo para corregir las falencias del sistema de cultos judío. Los rituales y sacrificios de Israel tenían un problema intrínseco: nunca producían una limpieza definitiva, solo acumulaban la basura debajo de la alfombra.

El sistema antiguo bajo la ley de Moisés era solo una sombra –un tenue anticipo de las cosas por venir– no las cosas buenas en sí mismas. Bajo aquel sistema se repetían los sacrificios una y otra vez, año tras año, pero nunca pudieron limpiar por completo a quienes venían a adorar. Si los sacrificios hubieran podido limpiar por completo, entonces habrían dejado de ofrecerlos, porque los adoradores se habrían purificado una sola vez y para siempre, y habrían desaparecido los sentimientos de culpa.

Pero en realidad, esos sacrificios les recordaban sus pecados año tras año (10:1-3).

Sin embargo, Cristo, «con su propia sangre –no con la sangre de cabras ni de becerros– entró en el Lugar Santísimo una sola vez y para siempre, y aseguró nuestra redención eterna» (9:12). El aporte de Hebreos al canon bíblico es situar a Jesús como continuidad y superación de la historia sagrada de Israel. Cristo asume la herencia del pueblo de Dios pero mediante su sacrificio logra trascender la fe rutinaria, los ritos vacíos y las instituciones corrompidas. Después de su obra salvadora, la vida de los redimidos se mueve entre el camino y la meta, entre las pruebas y la promesa, entre la sombra de la cruz en el presente y la esperanza de gloria en el futuro: «Mediante esa única ofrenda, él perfeccionó para siempre a los que está haciendo santos» (10:14).

Hebreos elabora miles de años de historia judía y, en un acto de valentía teológica, afirma que Cristo rompe definitivamente con los sistemas rituales y de culto. En la misma línea, el evangelio de Juan muestra una y otra vez el desafío que significó Jesús para el sistema religioso de su tiempo. El Cristo del cuarto evangelio pone en crisis las grandes instituciones de Israel: la ciudad santa, el templo, las fiestas sagradas, el sábado, etc.

El espíritu de religiosidad, a pesar de todo, buscó nuevas formas de sobrevivir en la devoción de los cristianos. Desde sus comienzos, la iglesia se debatió entre la institución y el carisma, entre la confianza en lo predecible y el riesgo de lo espontáneo. Estas pujas son ya notables en el libro de los Hechos. La balanza se ha inclinado la mayor parte de las veces del lado de la institución, del rito controlado, del culto funcional y previsible. Nuestras celebraciones, liturgias, rituales y cultos contradicen a menudo verdades de Hebreos; en el mejor de los casos, oscurecen sus connotaciones. Sabemos que Dios «no vive en templos hechos por manos humanas» (Hch. 7:48) y sin embargo nos cuesta mucho poner tanta fe en un Dios tan invisible, que se resiste a ser identificado con paredes, altares, fórmulas o personas. La sola idea de un Dios que no se deja encapsular nos estremece; preferimos una colección de rituales y prácticas que se pueden enseñar y aprender como si fueran reglas de cortesía. A veces, muy pocas veces, ese sistema de culto logra conectarnos con algo más grande y real, y sentimos, aunque sea por un momento, que el espacio vacío se llena.

La reunión, el servicio, la misa o el culto son nombres que usamos para denominar esa experiencia religiosa que representa, en algunos casos, el único momento relevante que algunos tienen con Dios. Pero incluso cuando nuestra vida devocional es cotidiana y sustanciosa, el culto suele ocupar el centro de nuestra espiritualidad, el punto más alto en la vida de fe, en torno al cual gravita todo lo demás. La cantidad de asistentes de una iglesia suele ser directamente proporcional al nivel de centralidad que tiene el culto: cuanto más grande es una congregación, más lugar ocupa la plataforma en la vida de la comunidad.

Para justificar la centralidad del culto es necesario redefinir el sentido de otras prácticas y realidades de la fe. Existen muchas prácticas piadosas, muchas veces implícitas y codificadas, que ayudan a que esta experiencia, completamente ajena a nuestra vida cotidiana, adquiera significado. Vivir en comunidad se vuelve un asunto de asistencia; el mandamiento «sean uno» (Jn. 17:21) –que en la iglesia primitiva significó compartir «todo lo que tenían» (Hch. 4:32)– termina siendo absorbido por el mandato de Hebreos 10: «No dejemos de congregarnos». Aprender el camino de la fe se convierte en un acto pasivo en el que escuchamos a alguien durante casi una hora. Alabar termina significando cantar canciones con mucho ritmo, mientras que la adoración implica canciones lentas y levantar las manos. Entregarse a Dios por completo se termina rebajando a un mero asunto de dinero.

Diferentes trasfondos adaptan la liturgia de diversas maneras: algunos prefieren las baladas, otros los himnos, algunos la música extranjera y otros la nativa, algunos centran el énfasis en la exposición de las Escrituras, otros en los carismas o en la Cena del Señor. Una vez fijada la forma culturalmente adaptada de la liturgia, rara vez es cuestionada ni reemplazada por otra.

Repetimos los ciclos, las emociones y los símbolos para traducir la abrumadora presencia de Dios en un código que se aprende semana a semana. Nos vestimos de cierta manera, usamos palabras que no pertenecen al vocabulario cotidiano, adquirimos una actitud serena y contemplativa e intentamos dejar de lado nuestros dilemas. Las reuniones no tienen casi nada que ver con la vida de todos los días. Son algo ajeno y disociado, un punto extraño en nuestra semana que se parece poco a nuestra real experiencia con Dios. No son, en palabras de Milán Kundera, «ni una consecuencia inevitable de una acción precedente, ni causal de lo que sigue»[70]. Al igual que los judíos que viajaban al templo de Jerusalén para presentar sus sacrificios, nosotros también preparamos durante toda la semana lo mejor de nuestra adoración para entregárselo a Dios.

La reunión de los creyentes se parece cada vez más a una experiencia mística, desconectada del aspecto comunitario, y centrada en la relación vertical, privada y fuertemente emocional del individuo con Dios. Para que sea eficaz, el encuentro debe ser, como sugiere Erich Fromm[71], intenso, transitorio y periódico. En la era del consumo y el individualismo, nuestras celebraciones comunitarias se parecen a un shopping de espiritualidad, al

---

70. *La inmortalidad*, citado en BAUMAN 2009, Op. Cit., p. 75.
71. *El arte de amar*, citado en *Ibid.*, p. 67.

que vamos con una lista de pedidos y del que nos llevamos un carrito con bendiciones. Dios es como una góndola llena de sanidad, liberación, ternura y consejo, seguridad, paz, alegría y esperanza. Al final de la experiencia, tenemos todo lo necesario para mantener nuestra vida de fe una semana más.

En franca oposición a muchas de nuestras prácticas, las Escrituras dan a entender que el culto de la iglesia primitiva no era tanto un momento de devoción individual, sino más bien el espacio predilecto de la comunión de los creyentes. En Efesios el canto colectivo no surge de un programa ajeno a la experiencia comunitaria, sino como una manifestación orgánica de la iglesia: «Sean llenos del Espíritu Santo cantando salmos e himnos y canciones espirituales entre ustedes, y haciendo música al Señor en el corazón» (5:18,19). En Colosenses, tanto el canto colectivo como la administración de la Palabra son ofrecidos y recibidos en el seno mismo de la comunidad: «Que el mensaje de Cristo, con toda su riqueza, llene sus vidas. Enséñense y aconséjense unos a otros con toda la sabiduría que él da. Canten salmos e himnos y canciones espirituales a Dios con un corazón agradecido» (3:16). El énfasis comunitario no anula, en ninguno de los dos casos, el aspecto individual; ambos versículos recuerdan que la adoración colectiva también debe reflejarse a nivel personal («en el corazón»).

La primera epístola de Pablo a los corintios ofrece muchas instrucciones al respecto del culto aunque usualmente solo se recuerdan el silencio de la mujer en la congregación y el orden que debe haber en las reuniones. Pero si miramos un poco más de cerca, podemos descubrir una constante en todas las instrucciones: la vida en comunidad. La manifestación sobrenatural de las lenguas puede edificar al creyente a nivel individual; pero cuando esa experiencia personal desprestigia a Cristo o a su iglesia, Pablo recomienda ceder los derechos individuales a fin de edificar el Cuerpo (14:23). La Cena del Señor, por su parte, no es presentada como un ritual extraño y grandilocuente, sino como una comida habitual entre los santos; el amor y el compañerismo convierten a esta comida en símbolo y anticipo de nuestra esperanza. Toda la vida de estos discípulos era un acto de adoración; por eso el culto no representaba una rareza semanal, sino que estaba profundamente integrado en su devoción y espiritualidad. El problema crucial que Pablo encontraba en la eucaristía no era teológico ni místico, sino comunitario: «Cuando ustedes se reúnen, la verdad es que no les interesa la Cena del Señor. Pues algunos se apresuran a comer su propia comida y no la comparten con los demás» (11:20,21). Pablo amonesta a los corintios justamente por no compartir con el hermano, por utilizar el espacio comunitario con fines egoístas. La comunión de los creyentes se encuentra en el centro del sentido espiritual de la eucaristía. El juicio que viene por comer y beber indignamente, sin discernir el Cuerpo del Señor (vs. 29), toma un sentido mucho más concreto si tenemos en cuenta este contexto. Más que un problema sacramental o ritual, el pecado se esconde en el egoísmo que no honra a la iglesia, que es el Cuerpo de Cristo.

De las instrucciones sobre las reuniones que Pablo entregó a los corintios también podemos entender que la liturgia no debe recaer exclusivamente en algunas personas, sino que debe favorecer la participación de todos los creyentes. Nuestras iglesias actuales suelen reproducir el modelo del Antiguo Testamento: el pastor o predicador encarna la figura de Moisés o los sacerdotes, los músicos asumen el rol de los levitas. El Nuevo Testamento propone una dinámica totalmente diferente: «Cuando se reúnan, uno de ustedes cantará, otro enseñará, otro contará alguna revelación especial que Dios le haya dado, otro hablará en lenguas y otro interpretará lo que se dice; pero cada cosa que se haga debe fortalecer a cada uno de ustedes» (14:26). El culto no es únicamente un espacio de introspección individual, sino que debe enfocarse también en la vida del Espíritu que se manifiesta mediante la comunión; por eso, los peores enemigos de la reunión de los corintios no eran el desorden, la falta de emociones espirituales o la escasa retórica del expositor sino las peleas (11:17-19). La forma y el contenido de los encuentros no deben responder a la voluntad y las necesidades de unos pocos, sino a la salud de todos. Pablo está especialmente interesado en que nadie acapare la palabra; la iglesia debe ser un lugar en el que todos tengan «su turno para hablar, uno después de otro, para que todos aprendan y sean alentados» (14:31).

Lucien Sfez afirma que las realidades que podían unificarnos en el pasado (Dios o una religión establecida, la idea de la patria o la identidad étnica) tienden a desaparecer en los tiempos de la globalización y la técnica. Seguimos buscando desesperadamente la cohesión y solo la encontramos en la comunicación, esa «nueva teología, la de los tiempos modernos, fruto de la confusión de los valores y de las fragmentaciones impuestas por la tecnología»[72]. La comunicación es la religión de nuestros días y podemos encontrar sus huellas en dos fenómenos aparentemente contradictorios: la glorificación del individuo y la glorificación de la comunidad.

De un lado, nuestra puerta de comunicación al mundo es la web. Internet es el templo de la posmodernidad, la columna vertebral que sostiene nuestra nueva manera de relacionarnos, una red con infinitas posibilidades y una inmensa sensación de control. Podemos acceder constantemente a relaciones, experiencias e información pero podemos también desconectarnos en cualquier momento. Es el triunfo del individualismo: podemos crear y destruir un universo de posibilidades en un par de clics. A gran velocidad la tecnología va cambiándole la cara a todo lo conocido y la fe no se escapa de su influencia; esto se traduce principalmente en la primacía

---

72. SFEZ 1995, p. 6.

del individuo: cada uno siente su fe como algo muy personal como para permitir que otros –una religión organizada o un grupo– definan cómo se debe vivir la espiritualidad. Nuestro compromiso con espacios fijos o iglesias locales es cada vez más laxo; en el momento en el que deja de ser estimulante, activamos el siguiente canal de comunicación.

En la otra vereda, y aunque parezca paradójico, se encuentra un fenómeno al que me gusta denominar *comuniolatría*: la fe en que la comunidad en sí misma puede llenar el vacío, la confianza desmedida en el poder de la comunicación. Es la ética de la multitud que late en los grandes conciertos, en las manifestaciones masivas y en la implícita compañía que nos ofrecen miles de perfiles en las redes sociales. En el ámbito de las iglesias, esto se traduce en una idealización de la iglesia primitiva, de los ideales de la comunidad y del valor del encuentro con el otro. Los creyentes queremos estar juntos menos por la acción del Espíritu que nos congrega que por la experiencia misma del encuentro. La iglesia deja de ser una comunidad de seguidores y adquiere aspiraciones mesiánicas: la ilusión de que el simple hecho de estar juntos puede salvarnos de la soledad.

La Biblia describe la relación que Dios quiere tener con la humanidad a través de varias metáforas; estamos llamados a ser su pueblo, sus amigos, a tener la intimidad que tiene un hijo con su padre. Una de las imágenes más queridas de las Escrituras para describir la relación del creyente con Dios es la relación que existe en una pareja. El tipo de intimidad, fidelidad y compromiso que crece entre los esposos es una buena manera de expresar el tipo de contacto que debería existir entre criatura y Creador. Una relación inmadura entre los enamorados quiere saltar etapas, va del desconocimiento a la intimidad, del deseo incontrolable a las relaciones íntimas sin escalas. El cine de Hollywood ha repetido tantas veces esa historia que ya no nos suena tan descabellada. Y cuando se acaba el deseo, cuando la necesidad egoísta se calma, la intimidad se esfuma y vuelve a la superficie la cruda realidad: falta de compromiso, indiferencia, desconocimiento del otro. «La unión es ilusoria y la experiencia está condenada finalmente a la frustración, dice Fromm, porque esa unión está separada del amor»[73].

Quizá nuestra adoración colectiva se parezca un poco a estas relaciones ocasionales. Cuando nuestras fuerzas espirituales decaen, vamos a Dios en un clímax de pasión, entregamos y pedimos lo que necesitamos y nos despedimos hasta el próximo encuentro fugaz. En las relaciones maduras, el clímax es parte de un proceso, es la manifestación en un momento específico de una relación sostenida en el tiempo. Si una vez por semana necesitamos arreglarnos interna y externamente para encontrarnos con Dios, quizá no estemos compartiendo el mismo techo. Es probable que nuestra vida tenga más que

---

73. BAUMAN 2009, Op. Cit., p. 67.

ver con el compromiso ocasional del modelo de Hollywood que con el constante amor de los esposos, ese que «nunca se da por vencido, jamás pierde la fe, siempre tiene esperanzas y se mantiene firme en toda circunstancia» (1 Co. 13:7). Tal vez no es más que un encuentro ocasional, una aventura de fin de semana que deja por unos días una sensación de satisfacción pero finalmente se disuelve mientras vivimos nuestra vida de la forma en la que más nos gusta.

> *De un culto forzosamente exterior e ineficaz, marginal respecto a la vida, Cristo nos hace pasar a una ofrenda que asume toda la realidad de nuestra existencia y la transforma profundamente en la adhesión filial a Dios y la entrega a los hermanos.*
>
> **Albert Vanhoye**

PASTORCENTRISMO
Un modelo problemático para los tiempos que corren

> *El respeto que se tiene por los héroes aumenta a medida que se alejan de nosotros.*
>
> *Jean Racine*

En la figura del Doctor Fausto, Goethe resumió el espíritu de su tiempo. Fausto es el prototipo del progreso ilimitado, el responsable de lograr lo imposible, de pensar lo impensable y superar las limitaciones puestas por la fragilidad. Goethe supo convertir en personaje aquello que tiempo después Nietzsche tradujo en un concepto: el superhombre. Esta es la figura por excelencia del antropocentrismo, de la ética individual y la modernidad. El superhombre está más allá del bien y del mal, no debe ningún respeto a las reglas que no sean las suyas ni a las tradiciones y formas de los simples mortales. Con este concepto, Nietzsche creía estar tirando por tierra el instinto por lo sagrado de las religiones, en particular de la fe cristiana. Aunque no era su intención original, sus ideas también germinaron en la carrera armamentística del bélico siglo XX, en el nazismo y los campos de concentración. Sucede que, para lograr su victoria, en más de una ocasión el superhombre debe someter a las voluntades que se le resisten.

El nihilismo de Nietzsche y su ideología del superhombre suelen ser enfáticamente rechazados en las iglesias y, sin embargo, nuestras prácticas no siempre condicen con nuestras ideas. En muchas comunidades de fe, si se me permite la comparación, la figura del pastor funciona como una adaptación del ideal del superhombre. El pastor suele ser la figura central de la organización eclesial; en la práctica, ninguna labor es más visible y respetada. La figura pastoral funciona como un centro en el cual orbitan las demás actividades y programas, las personas y los grupos. En más de una ocasión, mostrar fidelidad al pastor es interpretado como una muestra de fidelidad a la iglesia o, en el peor de los casos, a Dios. Los pastores suelen tomar la mayor parte de las decisiones o, al menos, las más importantes;

quizá cuenten con un grupo de consejeros pero no es inusual que su voz tenga la última palabra. Incluso, en ocasiones, su voluntad puede prevalecer a pesar de la oposición del resto. En buena medida, esto depende de una idea: que es el pastor quien recibe la visión de Dios y la comunica a través de una «palabra fresca» que se convierte en la brújula de las búsquedas comunitarias. Por eso el pastor suele ser la persona que más sermones predica; su carisma personal y cualidades retóricas lo convierten a menudo en maestro de la comunidad aunque, en más de una ocasión, sus recursos bíblicos y teológicos no sean los únicos ni los más sobresalientes.

Semejante percepción de la autoridad encierra muchas consecuencias prácticas. El organigrama de la iglesia tiende a ser vertical; la pirámide empieza en el pastor y termina en «el pueblo», un término que suele tener ciertas connotaciones despectivas. La vida espiritual emana de Dios, es cierto, pero es el pastor quien la enfoca y la dirige. La dicotomía entre el clero y los laicos, esa que tanto criticaron los reformadores en el siglo XVI, está vivita y coleando.

Aunque suele asumir las características de un don o una función, lo cierto es que a nivel institucional muchas veces es solo un título que da legitimidad a la mayoría de las personas que trabajan o quieren trabajar a tiempo completo en el ministerio de la iglesia. Quizá alguna congregación con muchos miembros pueda darse el lujo de sostener a un diácono, un profeta, un músico, un maestro o cualquier otra figura, pero lo cierto es que en la mayor parte de las comunidades, ese es un privilegio al que solo aspiran los pastores.

Sería ingenuo suponer que es posible acumular tanta autoridad sin que esa capacidad se entremezcle con las pulsiones más íntimas de nuestro pecado. La historia de la iglesia demuestra con creces que ceder ante el llamado del poder es una posibilidad que acecha constantemente a los seguidores de Cristo. El deseo de reconocimiento, la ambición y la vanagloria son solo algunas de las tentaciones que acompañan a una figura con tanta autoridad. Pero las estructuras siempre tienen su forma de justificarse, y en muchos casos, la iglesia logra esto al resignificar algunas palabras y espiritualizar algunas motivaciones. No le decimos *ambición* sino *espíritu de conquista*; no es *egoísmo* o *deseo de poder* sino *crecimiento del Reino* y *autoridad puesta por Dios*. Fácilmente los cuestionadores y disidentes se convierten en rebeldes e incrédulos acusados de resistirse al obrar de Dios.

La centralidad del pastorado se ha vuelto un elemento común en tradiciones muy diversas: entre evangélicos y católicos, en iglesias tradicionales o renovadas y en comunidades independientes o afiliadas a una denominación por igual. La figura del pastor funciona como un título no muy específico en el que se confunden todo tipo de roles. El pastor enseña, una función que la Biblia asocia con los maestros; es un líder que conduce y toma decisiones, algo que el apóstol Pablo solía delegar a un grupo de personas conocidos como ancianos, obispos o supervisores; también recibe revelaciones de Dios que animan y exhortan a la comunidad, una práctica que en la iglesia primitiva estaba asociada con el papel de los profetas; en más de una ocasión, el pastor también administra los recursos de la iglesia, algo que el libro de Hechos conecta con la actividad de los diáconos.

Una sola persona encarna los roles y la identidad de todo el grupo; de hecho, muy a menudo las comunidades son conocidas por los nombres de sus pastores («la iglesia de tal», «la congregación del pastor tal»). El cuerpo humano era una de las metáforas predilectas del apóstol Pablo para hablar de la iglesia; no hace falta saber mucho de anatomía para entender que, cuando en el cuerpo hay un miembro que abarca el espacio y las propiedades de muchos otros, la vida está en peligro. Probablemente ese miembro desmedido tenga las características de un tumor.

La figura del pastor nace de una metáfora de la vida rural de Israel. El Antiguo Testamento compara repetidamente la forma en la que Dios cuida a su pueblo con la dedicación de un pastor hacia su rebaño. David es un ejemplo paradigmático: pasó de pastorear ovejas en los montes de Belén a proteger a la nación desde el trono de Jerusalén. En el capítulo 23 de Jeremías encontramos un buen ejemplo del uso de esta metáfora en la advertencia de Dios a las autoridades de Israel:

> ¡Qué aflicción les espera a los líderes de mi pueblo –los pastores de mis ovejas– porque han destruido y esparcido precisamente a las ovejas que debían cuidar! […] En vez de cuidar de mis ovejas y ponerlas a salvo, las han abandonado y las han llevado a la destrucción. Ahora, yo derramaré juicio sobre ustedes por la maldad que han hecho a mi rebaño; pero reuniré al remanente de mi rebaño de todos los países donde lo he expulsado. Volveré a traer a mis ovejas a su redil y serán fructíferas y crecerán en número. Entonces nombraré pastores responsables que cuidarán de ellas, y nunca más tendrán temor. Ni una sola se perderá ni se extraviará. ¡Yo, el Señor, he hablado! (vs. 1-4).

Jesús retomó esa tradición al identificarse con el Buen Pastor que da su vida por sus ovejas. Desde sus comienzos, la iglesia primitiva utilizó cariñosamente ese calificativo para referirse a aquellos que desarrollan funciones de cuidado y acompañamiento. Bíblicamente, pastor es aquel que vela por la salud de los miembros de la comunidad; no es necesariamente una sola persona, sino todo aquel que acompaña a aquellos que componen el Cuerpo de Cristo. Hebreos señala que los miembros de la iglesia deben obedecer y sujetarse a sus pastores pero también señala que esa autoridad debe ser entendida directamente en función de su objetivo: «Su tarea es cuidar el alma de ustedes» (13:17). Howard Snyder puntualiza que «no hay nada en Efesios 4 (o en alguna otra parte del Nuevo Testamento) que sugiera que *pastor* tuviera en la iglesia primitiva el sentido de un cargo altamente especializado y profesional que ha llegado a tener en la historia protestante»[74].

Pero los ejemplos en nuestras iglesias contradicen a menudo el ejemplo bíblico: nuestros pastores son figuras notables y atareadas que realizan actividades, organizan programas y eventos, bosquejan sermones y coordinan proyectos; apenas tienen tiempo, ganas o vocación para acompañar a las personas. Sus funciones suelen estar más relacionadas con las de un Director Ejecutivo de una empresa o un coordinador general que con esa metáfora del pastor que conoce profundamente y protege pacientemente a sus ovejas.

Creo que no vamos a poder volver a una visión bíblica y sana del pastorado si no logramos disociar la función del puesto: pastores son los que cuidan y acompañan, no necesariamente los que dirigen. Incluso, en más de una ocasión, los carismas de los que pastorean y de los que conducen son incompatibles. Los pastores acompañan, esperan, aconsejan, están interesados en procesos y personas; los que guían son motivadores, van un paso más adelante, no tienen mucha paciencia para los procesos, sino que se concentran en visiones y proyectos. Para que tengamos pastores y conductores que hagan lo que tienen que hacer, es fundamental separar las funciones de la pastoral de las de la conducción.

En las figuras de autoridad proyectamos nuestra propia vida, les pedimos que sean lo que nosotros quisiéramos ser y esperamos que realicen lo que nosotros no sabemos o no podemos realizar. En los responsables de la iglesia depositamos, a veces inconscientemente, la responsabilidad de vivir la fe con una perfección a la que nosotros, en medio de nuestras vidas y dilemas personales, no podemos (o no queremos) aspirar. Un daño colateral del modelo pastorcéntrico repercute directamente en las autoridades. La centralidad de la figura pastoral no solamente pone en riesgo la salud de todos los miembros y el desarrollo de sus dones y ministerios; también afecta negativamente a los mismos responsables. Ser un superhombre cuesta caro y generalmente arrastra una serie de consecuencias: desgaste espiritual, stress y dudas, enfermedades y depresión, desencanto del ministerio, soledad. Son el tipo de consecuencias de las que nadie habla, los vestigios que se esconden como una vergüenza y un fracaso. A un obrero, un ministro, un pastor, líder o misionero no se le permiten el agotamiento, la frustración ni el desencanto. En el esfuerzo por convertirnos en superhombres, terminamos asociando el cansancio con la falta de fe, confundimos una actitud apacible o risueña con el gozo del Señor y llamamos

---

74. SNYDER 2014, p. 151.

tibieza espiritual a todo lo que no tenga un halo místico de victoria. El pastorcentrismo es un pecado que convierte a la iglesia en una empresa y a sus autoridades en instrumentos con fecha de vencimiento que se desechan cuando no sirven más o cuando muestran su debilidad.

Los griegos utilizaban la palabra *pharmacos* –la misma que usamos para los medicamentos– para hablar de una figura terrible: el chivo expiatorio. Este animal era visto como enfermedad y remedio al mismo tiempo, era el depósito simbólico de los procesos, debilidades y pecados del pueblo. Los sacerdotes de Israel, de manera análoga, cargaban en el chivo expiatorio todos los atributos negativos que no querían cerca y luego lo enviaban a morir al desierto. Edipo, el personaje de Sófocles, es una figura paradigmática del *pharmacos*: después de salvar a su pueblo de una catástrofe, la maldición de su linaje cae sobre él y lo arrastra al oprobio y el exilio. Solo entonces la paz y el orden vuelven a la ciudad de Tebas. La psicología llama *agresión desplazada* a este mecanismo. Los superhombres de la fe reciben a veces el trato de un chivo expiatorio en el que depositamos los pecados, frustraciones y errores que no queremos tener cerca; cuando ya no son útiles como remedio, los convertimos en nuestra enfermedad y los enviamos al desierto.

Históricamente, los cristianos hemos perseguido un modelo único de ser iglesia que solucione todos nuestros problemas. Pero, aislado de los demás, dice Avery Dulles, «cada modelo de la iglesia tiene sus debilidades, ninguno puede ser tomado como medida de todos los demás»[75]. No vamos a descubrir en la Biblia una teoría minuciosa sobre la autoridad ni un manual para resolver todos los problemas relacionados con la organización de la iglesia; tampoco encontraremos un modelo único y armonizado que explique todas las experiencias y ejemplos que ofrece el Nuevo Testamento. En la iglesia primitiva coexistieron numerosos modelos de iglesia, de formas de practicar la autoridad y de organizar la liturgia. No todas las comunidades daban el mismo énfasis a los diversos elementos de la fe ni usaban los mismos argumentos para explicar sus misterios. El Nuevo Testamento es rico en experiencias e ideas, y quizá en esa diversidad esté la clave de nuestra búsqueda: es necesario que los modelos se iluminen y complementen mutuamente. La multiplicidad, más que poner en duda la unidad de la fe, enriquece la experiencia.

La lectura de los Hechos y las cartas de los apóstoles ponen en evidencia que el funcionamiento de la iglesia primitiva no descansaba en superhombres que reunían todas las funciones y los dones. La tercera epístola de Juan menciona específicamente a Diótrefes, un miembro «al que le gusta mandar» (vs. 9, DHH) y es acusado de querer controlar la vida de

---

75. DULLES 1975.

la comunidad sin respeto por las instrucciones del apóstol y por la libertad de los hermanos. El modelo que encontramos en las cartas paulinas muestra que las comunidades de fe no eran guiadas por una sola persona, sino por un grupo de responsables conocidos como ancianos, obispos o supervisores: «Pablo y Bernabé también nombraron ancianos en cada iglesia. Con oración y ayuno, encomendaron a los ancianos al cuidado del Señor, en quien habían puesto su confianza» (Hch. 14:23). Pablo escribió a su discípulo Tito instrucciones muy similares: «Te dejé en la isla de Creta para poder terminar nuestro trabajo ahí y nombrar ancianos en cada ciudad tal como te lo indiqué» (1:5). Estos responsables debían ofrecer una estructura apta para sostener el crecimiento de la iglesia, para ayudar a la sana manifestación de los dones, ministerios y funciones del resto de los miembros. No eran los Directores Ejecutivos de la iglesia, no ocupaban el espacio de los maestros ni los profetas, no concentraban la totalidad de las manifestaciones espirituales, sino que ofrecían una especie de estructura de contención para que la iglesia misma pudiera generar sus contenidos y formas mediante las prácticas de sus miembros y la acción vivificante del Espíritu. Llama la atención el altísimo nivel de exigencia que Pablo pide a las personas que ocupan posiciones de autoridad; se pueden leer listas muy similares en Tito 1:5-9 y Primera Timoteo 3:1-7. Los responsables de la iglesia tienen el honor de ser «administradores de la casa de Dios» y como tales deben ser intachables; esto implica que sean fieles, humildes, pacientes, honestos, generosos, capacitados para animar y corregir, sabios, justos, disciplinados y maduros en la fe.

En las discusiones sobre la autoridad en la comunidad de los creyentes suele ser habitual la expresión *gobierno de la iglesia*; esta frase implica que, de alguna manera, el Cuerpo de Cristo tiene características que lo acercan al Estado y a los poderes temporales. También suele ser común una metáfora tomada del ámbito familiar: las autoridades de la iglesia son como padres y madres que educan, guían y corrigen a sus hijos espirituales (el resto de los feligreses). Estas metáforas tan difundidas son absolutamente ajenas al carácter único de la iglesia y generalmente oscurecen el misterio que existe en la comunión de los santos. Buscamos modelos en la política y la familia porque nos cuesta lidiar con el tipo de autoridad que Jesús quiso para su iglesia y queremos escapar a ejemplos más conocidos. Pero las autoridades eclesiales no deben entenderse como padres ni gobernantes; en los evangelios tenemos explícitas instrucciones de no llamar a nadie de esta manera (Mt. 23:8-10). El único padre de la familia de Dios, el único maestro y gobernante del pueblo de Dios es aquel que compró a la iglesia con el precio de su sangre.

Al final del evangelio de Juan, Pedro es reincorporado al grupo de los discípulos; pero antes de que Jesús volviera a legitimar su función entre los apóstoles, el pescador de Betsaida debía responder tres veces la pregunta más importante de todas: *¿me amas?* La respuesta de Pedro, la clave de la autoridad en la iglesia, no depende de capacidades ni títulos. La autoridad en el Reino de Dios no se puede poseer de la misma manera en la que poseemos un título universitario o una posición en una empresa. Yo no puedo *ser autoridad*, solo Cristo tiene ese poder; lo único a lo que puedo aspirar es a *representar autoridad*, y esta capacidad se mantiene vigente en tanto y en cuanto yo permanezca debajo de Cristo, en completa dependencia de sus enseñanzas y ejemplo.

Jesús advirtió a sus seguidores una y otra vez que ser el mayor en el Reino de Dios significa tomar la posición más humilde. El poder es algo que se descubre en la entrega a Dios y a los demás. El mejor ejemplo que encontró Jesús para demostrar su autoridad fue lavar los pies de sus seguidores; en esa ocasión les preguntó: «¿Quién es más importante: el que se sienta a la mesa o el que la sirve? El que se sienta a la mesa, por supuesto. ¡Pero en este caso no!, pues yo estoy entre ustedes como uno que sirve» (Lc. 22:27). El fantástico himno de Filipenses 2 reflexiona sobre el misterio inmenso de esa autoridad que solo se encuentra en el sacrificio: Cristo «se humilló a sí mismo en obediencia a Dios y murió en una cruz como morían los criminales. *Por lo tanto*, Dios lo elevó al lugar de máximo honor y le dio el nombre que está por encima de todos los demás nombres» (vs. 8 y 9; la cursiva es mía). La inigualable autoridad y honra de Cristo no provienen de un título, sino de su obediencia a Dios y su entrega.

Según los esquemas de este mundo, Jesús es el líder más irresponsable de la historia. Justo cuando podía manifestarse resucitado en el centro de Jerusalén y convencer a todos de su mensaje, se apareció solo a sus discípulos para decirles que confiaba en que iban a hacerlo bien. No le importó que uno de ellos hubiera sido un vendepatria que robaba a su propio pueblo para agrandar las arcas de Roma, ni que otro hubiera sido un guerrillero que luchaba por la liberación política de Israel, ni que el cabecilla del movimiento –un pescador emocional que no sobresalía por su lucidez– lo hubiera negado públicamente. «Con esa cuadrilla destartalada Jesús fundó una iglesia que no ha dejado de crecer en diecinueve siglos»[76]. En personas como estas –en personas como nosotros, podemos decir también– el Señor confió el destino de su mensaje y su movimiento. Sin embargo, esta generosidad depende de un principio fundamental: el amor y la humildad deben ser la columna vertebral de su herencia. Los discípulos de Jesús estamos llamados a ser profesionales del amor; todo lo demás está en segundo lugar.

---

76. YANCEY 1996, Op. Cit., p. 97.

Nadie puede representar autoridad en la iglesia si no se somete al modelo de Jesús. Que Dios nos libre de nosotros mismos y de todos los que cimientan su poder en un camino que no es el de la cruz. Solo así podremos vislumbrar lo que anunció Jeremías hace más de 2500 años: «Entonces nombraré pastores responsables que cuidarán de ellas, y nunca más tendrán temor. Ni una sola se perderá ni se extraviará».

> *El líder cristiano del futuro está llamado a ser alguien completamente irrelevante, y a presentarse ante el mundo ofreciendo solamente su persona totalmente vulnerable.*
> **Henri Nouwen**

HIJOS DEL CREADOR QUE DESCANSA
La herencia del sueño americano y la promesa bíblica del reposo

> *Trabajar para ganarse la vida. ¿Pero por qué esa vida que uno se gana tiene que desperdiciarse en trabajar para ganarse la vida?*
>
> *Quino*

En la Edad Media se hizo muy popular un tipo de libro llamado *bestiario*: una creación a mitad de camino entre la zoología y la literatura fantástica, entre el estudio seudocientífico de la naturaleza y la moraleja espiritual. En los bestiarios medievales coexistían rudimentarias explicaciones sobre la anatomía de los animales –algunos reales, otros mitológicos– con reflexiones sobre su lugar y propósito en la Creación. Subyace en estos libros la idea de que el Creador de todas las cosas, hizo todo con un propósito; en la contemplación de sus obras, podemos descubrir enseñanzas prácticas para vivir de manera piadosa. Los bestiarios ven a la naturaleza como una figura, una metáfora, un espejo en el cual podemos vernos mejor a nosotros mismos. La fábula, que gozó de una enorme popularidad durante el romanticismo, es heredera de esta voluntad de encontrar un sentido espiritual en la naturaleza y sus criaturas.

Poco tienen que ver los bestiarios con nosotros, que somos hijos del vértigo, la velocidad y la técnica; poco logra decirnos la tímida naturaleza entre el ruido de celulares, aviones y automóviles. Nuestros niveles de concentración, nuestra disposición a la contemplación y la posibilidad de poner pausa al mundo para escuchar el murmullo de Dios se vuelven tareas cada vez más titánicas ante el ritmo frenético de nuestro estilo de vida posmoderno. Nunca terminamos de informarnos sobre todas las noticias, nunca logramos responder a todos los mensajes, siempre hay algún capítulo de alguna serie por ver. La tiranía de la hiperconectividad y el acceso indiscriminado a la información a través de la web se van convirtiendo en una coraza que nos aleja del silencio, del reposo y la contemplación, de esa actitud relajada que nos permite escuchar el silbo apacible de Dios, nuestra voz profunda y la palabra de nuestro prójimo.

La ansiedad posmoderna no nace únicamente de la devoción por la pantalla táctil; es una evolución del paradigma de la modernidad. La utopía moderna tomó diferentes nombres y formas a lo largo de la historia. A nivel económico, el modelo que condensa estas ideas se denomina neoliberalismo; en el terreno de la psicología, existe un espíritu análogo en el conductismo. Una de estas utopías, aprendida como una catequesis de las películas de Hollywood, es la que se ha llamado *American Way of Life*, o también *sueño americano*. Cuando Estados Unidos ganó las dos Guerras Mundiales, mientras Europa todavía estaba en ruinas, la tecnología y el consumo fueron convirtiendo al país del norte en la gran potencia de este lado del mundo. La caída del muro de Berlín y el derrumbe del sueño soviético hicieron a Estados Unidos el faro indiscutido no solo de occidente, sino de todo el globo.

Todo movimiento social, político, religioso, económico o cultural necesita la ayuda de símbolos para poder traducir sus ideales y hacerlos accesibles. Son esas *metáforas epistemológicas*, en palabras de Umberto Eco, que ayudan a dar sentido y a entender procesos complejos. La cultura de masas, en particular a través de la música pop y las películas, utilizó el sueño americano como un símbolo; a través de él, se construyó la noción de que Estados Unidos es la tierra de la libertad y el progreso, de la democracia y las posibilidades, de la justicia y las puertas abiertas. Pero también se extendió la idea de que la vida se resume en actividad y esfuerzo, en sueños que se cumplen si se persevera lo suficiente. No importan los condicionamientos ni las desigualdades sociales; en la tierra de las posibilidades, no hay nada imposible. Un paradigma del sueño americano es aquel individuo que, sin más recursos que su voluntad de triunfar, logra elevarse sobre sus circunstancias; la literatura y sobre todo el cine nos han contado innumerables veces esa historia. Con el nacimiento de una cultura popular globalizada, el sueño americano se convirtió en un ideal con capacidad de traspasar las fronteras y volverse una aspiración a escala mundial.

Esta utopía de progreso ilimitado y esfuerzo individual bebe de la fuente de la filosofía pragmática. El pragmatismo que se encuentra presente en las obras de teóricos como Charles Sanders Peirce, William James y John Dewey rechaza cualquier definición de verdad que surja de una teoría o idea; no existe verdad en sí misma sino que toda verdad es contextual y debe ser, por sobre todas las cosas, útil, eficiente, pragmática. El sueño americano es un símbolo del pragmatismo porque quita importancia a valores abstractos. Lo único que importa son los hechos: lo que sirve, se hace; lo que no sirve, no se hace. Los resultados valen más que los procesos, las actividades y las cosas valen más que las personas. Cada individuo debe perseguir su sueño a toda costa, sin más brújula que su propia ambición.

En las afueras del campo de concentración de Auschwitz, los nazis colgaron un cartel irónico y macabro que rezaba: *Arbeit Macht Frei* («el trabajo te hará libre»). En un mundo pragmático, el esfuerzo, el trabajo, la elevación por encima de las circunstancias para lograr metas y objetivos es lo que nos da identidad, encontramos sentido al producir, crear y hacer. No somos por esencia –como podría decir un neoplatónico–, ni por herencia –como podría pensar un medieval–, ni por mera circunstancia –como podría sostener un nihilista–; en el paradigma del sueño americano, somos porque hacemos.

La iglesia evangélica de América Latina es heredera de las misiones europeas y norteamericanas que trajeron el Evangelio en los siglos XIX y XX; nuestra gratitud hacia ellos, por habernos guiado al encuentro con Cristo, es enorme. Actualmente, la versión más pujante y arraigada del protestantismo no solo en Latinoamérica, sino en buena parte del mundo es fruto directo de los movimientos pentecostales y carismáticos que surgieron en Estados Unidos durante la primera mitad del siglo XX. Pero la herencia norteamericana no se limitó únicamente a la espiritualidad, la exégesis bíblica o la eclesiología. Junto con la influencia en el campo de la fe, entremezclada con ella, recibimos también su herencia cultural: formas de hacer política, referentes artísticos, proyectos económicos, ideas, prejuicios, tendencias. Así como la iglesia católica arrastra hasta hoy el influjo del Imperio Romano a nivel teológico, organizativo y simbólico, las iglesias protestantes, sobre todo las de tradición evangélica, muestran por doquier la profunda huella del gran imperio político y económico de nuestros días.

La herencia cultural del *sueño americano* se siente con fuerza en los eslóganes que nos desafían a cambiar el mundo, a establecer el Reino de los cielos con nuestras acciones, a conquistar las naciones y poseer la tierra con el mensaje del Evangelio. Estos conceptos, que adoptan muchas veces un tono bélico, encuentran en el Antiguo Testamento un sinfín de imágenes, metáforas y palabras que estimulan la hazaña. Esa influencia también sigue presente de manera muy clara en los discos de los artistas del momento, en los *bestsellers* «cristianos» que replican su éxito en nuestras tierras, en los modelos de iglecrecimiento que se importan de manera directa, etc.

Si alguien entrara en una librería cristiana sin nociones de historia, fácilmente podría pensar que el cristianismo nació en Estados Unidos hace menos de doscientos años. Conocemos poco sobre nuestros héroes de la fe pero las biografías de sus héroes pueblan nuestros estantes. A pesar de que el contexto económico y cultural latinoamericano es totalmente diferente del entorno estadounidense, nuestras publicaciones y congresos repiten como un mantra las ideas de autoayuda, de ética laboral y ahorro, de liderazgo y funcionamiento de grupos que surgen en Norteamérica. La teología de la prosperidad reproduce un mercantilismo neoliberal que poco tiene que ver con los sectores marginados en los que tanto se predica. La ética de la meritocracia parece ser el camino más directo a los puestos de reconocimiento. Los complejos procesos de la vida espiritual pueden resumirse en una enumeración de pocos pasos que llevan al éxito. El posicionamiento político y económico de la mayoría evangélica suele reproducir las luchas y argumentos de los sectores conservadores de la política norteamericana sin mucho análisis en cuanto al fundamento bíblico ni la relevancia contextual. De una manera mucho más clara y sostenida, la iglesia católica, sobre todo después del Concilio Vaticano II (1962-1965) ha expresado su preocupación por las prácticas caníbales del capitalismo contemporáneo, los peligros de los posicionamientos de ultraderecha, etc.

A lo largo de la historia del pensamiento cristiano hay una tendencia en la teología occidental hacia la participación activa en los conflictos del mundo mientras que los teólogos orientales, por su parte, han subrayado con más fuerza la búsqueda de trascendencia a través de caminos como la especulación, el ascetismo y la contemplación. Esto tiene que ver, en buena medida, con diferentes concepciones de lo que significan el pecado y la salvación. El intelectual indio Vishal Mangalwadi señala:

> La iglesia griega tendía a ver el problema de la humanidad como ignorancia y, por consiguiente, veía la salvación como iluminación. Esta noción estimuló a los santos griegos a volverse contemplativos. Los santos occidentales, en contraste, tendieron a ser activistas, porque vieron el pecado como vicio o rebelión[77].

Jesús dijo: «Mi Padre siempre trabaja, y yo también» (Jn. 5:17). En la Creación, Dios dio rienda suelta a su creatividad al emprender la magnífica obra que hoy llamamos universo. El Creador hizo su obra por puro deseo y amor, en completa libertad, sin presiones ni necesidad. Su voluntad es dinámica y lo movió no solo a crear el mundo, sino también a sostenerlo, a intervenir en la historia y preocuparse por restaurar a sus criaturas. Al respecto de esta libertad divina, Moltmann escribió:

> No existe en Dios ningún motivo determinante que le obligue a hacerse hombre en Jesús de Nazaret o a cambiar el rumbo de la miseria de los hombres. Simplemente le gustó hacerlo así a su amor insondable. [...] No fue la miseria humana lo que obligó a Dios a venir en carne, sino su propio amor libre e indebido[78].

77. MANGALWADI 2001, p. 104.
78. MOLTMANN 1972, p. 43.

En el budismo toda la historia es nada más que la antesala que precede al estado supremo de purificación, el *nirvana*, en el cual las voluntades individuales se pierden en el Cosmos y finalmente pueden descansar para siempre. El Dios de la Biblia es muy diferente: no se queda quieto en el Huerto, al principio de la historia, ni tampoco en la restauración final. En ambos casos, el Creador involucra a su creación y la hace partícipe de sus planes: habitar el Edén, multiplicarse, llenar la tierra y señorearla, pero también vivir en alabanza eterna y ser colaboradores en la restauración de todas las cosas. La Biblia no presenta la inocencia del Huerto y la de la Nueva Creación como una mera contemplación mística, sino como un trabajo que no agota.

Pero además de esta ética de productividad divina, tan acorde al pensamiento occidental, encontramos en las Escrituras la pulsión contraria. Jesús dijo: «Vengan a mí todos los que están cansados y llevan cargas pesadas, y yo les daré descanso» (Mt. 11:28); Apocalipsis también promete que los santos «descansarán de su arduo trabajo» (14:13). Luego de crear durante seis días, Dios se detiene; un ser todopoderoso no se cansa pero el Dios de la Biblia decidió descansar. Esa actitud original del Creador se convierte luego en una orden para su pueblo. El más largo de los Diez Mandamientos explora el sentido y la forma de ese descanso. Dios mismo se identifica con ese reposo, al que el pueblo de Israel llamaba *el día del Señor*. Aunque el tiempo fue desvirtuando esa celebración, el mandamiento del día de reposo escondía una clave sobre la actividad, el trabajo y el esfuerzo que hoy necesitamos redescubrir. En esta misma línea, podemos entender las normas sobre la propiedad de la tierra y la ley del Jubileo que presenta Levítico 25; antes y después de todos los esfuerzos, necesitamos recordar que lo que tenemos y hacemos es de Dios, que nuestra vida está en sus manos y depende de su fidelidad, que debemos perdonar las deudas porque Él es un Dios perdonador y que hace bien olvidarse un poco de la productividad para dedicarse a descansar en su presencia. Tan sagrado era el mandamiento del día de reposo para el pueblo judío que en tiempos de Jesús algunos rabinos llegaron a pensar que la única razón por la que Dios había hecho al ser humano era para que alguien pudiera guardar el sábado.

Dos pulsiones hay en el alma humana: una busca la actividad, otra el reposo. Creo que podemos encontrar en la Biblia estas pulsiones en la forma de un bestiario. Las Escrituras nos invitan a ser como las águilas que se elevan sobre las dificultades: «Hasta los jóvenes se debilitan y se cansan, y los hombres jóvenes caen exhaustos. Los que confían en el Señor encontrarán nuevas fuerzas; volarán alto, como con alas de águila. Correrán y no se cansarán; caminarán y no desmayarán» (Is. 40:30,31). La Biblia también nos invita a aceptar nuestra debilidad y confiar en la bondad de Dios, a ser como las sencillas y mansas palomas o como los frágiles gorriones que dependen de la provisión divina.

Casi automáticamente nuestra mente se identifica con el poder, la nobleza y la majestuosidad de las águilas. Creo que representan muchos de los ideales de la modernidad, de la ética occidental y del sueño americano; no es inocente el hecho de que el águila calva sea el símbolo nacional de los Estados Unidos. Hay algo potente y glorioso en su apariencia, en su fuerza irresistible y su capacidad de contemplarlo todo desde la altura que resume este instinto hacia la actividad, el trabajo y el esfuerzo.

Pero en la Biblia son las aves más pequeñas y frágiles, las que vuelan más bajo y no tienen un plumaje vistoso, aquellas que están más cerca de la presencia de Dios. «Hasta el gorrión encuentra un hogar y la golondrina construye su nido y cría a sus polluelos cerca de tu altar, ¡oh Señor de los Ejércitos Celestiales, mi Rey y mi Dios!» (Sal. 84:3). En tiempos de Jesús, dos gorriones costaban la decimosexta parte de lo que un obrero ganaba en un día de trabajo, «y, sin embargo, ni un solo gorrión puede caer a tierra sin que el Padre lo sepa» (Mt. 10:29). Jesús también dijo: «Miren los pájaros. No plantan ni cosechan ni guardan comida en graneros, porque el Padre celestial los alimenta. ¿Y no son ustedes para él mucho más valiosos que ellos?» (Mt. 6:26). Hay una lógica invertida en estas imágenes: las aves indefensas, las más necesitadas, son las que reciben el cuidado del Padre. La ofrenda de los pobres de Israel, la que presentaron José y María, era justamente dos pequeñas palomas; esta imagen es casi un símbolo de ese Dios que asume «la causa del afligido y el derecho de los necesitados» (Sal. 140:12; RVR1960) y «rescata a los indefensos de las manos de los fuertes» (Sal. 35:10). El *Magnificat*, ese sublime canto de una adolescente indefensa de Nazaret, rebosa de esta confianza:

> Pues el Poderoso es santo y ha hecho grandes cosas por mí. Él muestra misericordia de generación en generación a todos los que le temen. ¡Su brazo poderoso ha hecho cosas tremendas! Dispersó a los orgullosos y a los altaneros. A príncipes derrocó de sus tronos y exaltó a los humildes. Al hambriento llenó de cosas buenas y a los ricos despidió con las manos vacías (Lc. 1:49-53).

La promesa de los gorriones −estar cerca de la presencia de Dios y gozar de su cuidado− es el contrapeso necesario de la promesa de las águilas. El trabajo y el esfuerzo son parte de la vida y del servicio en el Reino de Dios pero necesitan del reposo y la humildad de saber que no podemos nada sin el cuidado del Padre ni su provisión. Cuando la fragilidad de las aves más pequeñas es solo una excusa para la inactividad, la bendición del reposo se convierte en apología del ocio, en pobreza y maldición. Cuando las alas poderosas de las águilas se exhiben como banderas de la autosuficiencia y el orgullo, la vida se convierte en una batalla vergonzosa contra el viento, sin más ayuda que la propia fuerza de voluntad, hasta que la vanidad nos hace caer por nuestro propio peso.

El que se larga a los gritos no escucha su propio canto.
Atahualpa Yupanqui

LOS FARISEOS NUNCA MUEREN
La puja entre conservadores y progresistas por el futuro de la iglesia

> *Y tanto los que formaban el pelotón de ejecución como los ejecutados decían luchar por la felicidad del pueblo.*
> **Ernesto Castro**

Mientras tuvimos un horizonte de expectativas compartidas, era más fácil alcanzar el consenso. Mientras pudimos definir lo «normal» sin tanta dificultad, era más sencillo invisibilizar la diferencia. Todo lo que no caía dentro de ciertos límites establecidos por la tradición, la autoridad, las buenas costumbres o el sentido común era puesto al margen sin mucha culpa. Pero nos toca vivir hoy en una era diferente, atravesada por el frenesí, la exacerbación de contenidos y contradicciones, la diversidad y la tolerancia. Definir la normalidad en nuestros días es una empresa perdida; para muchos, es incluso un acto represor. Para no herir susceptibilidades y a riesgo de ser tildados de retrógrados, debemos cuidarnos de hablar de «lo normal». Ciertamente, esta tolerancia a regañadientes termina por abrir grietas profundas en una sociedad que va perdiendo paulatinamente sus puntos de encuentro.

En la política y en el ámbito de la cultura, en los debates sobre sexualidad, los proyectos económicos y, claro está, en el terreno de la fe, es cada vez más notable la fractura. Aunque la historia está plagada de pujas como estas, hoy nos encontramos abrumados por la fragmentación y la infinidad de actores sociales que gritan sus discursos y consignas. En Estados Unidos, esta fractura toma el nombre de *Culture Wars* («guerras culturales») y enfrenta a conservadores y liberales. En Argentina, este conflicto opone a los «progres» (una apócope de «progresista») y a los «fachos» (una síncopa coloquial de «fascista»). Si tuviéramos que hacer una generalización (quizá exagerada), podríamos decir que los más jóvenes tienden a identificarse con el primer grupo, mientras que los mayores suelen preferir el segundo. En muchos contextos, y sobre todo en lo que atañe a cuestiones políticas y económicas, se utiliza una vieja distinción francesa del siglo XVIII para oponer a la izquierda y la derecha. Es la polarización de cosmovisiones que chocan en algunos aspectos cruciales: la libertad individual y el papel del Estado, los alcances de los Derechos Humanos, la injerencia de la religión en las cuestiones civiles, la privacidad y la moral, etc.

En el ámbito de nuestras iglesias, este enfrentamiento se traduce en diferentes posiciones –más tradicionales o más progresistas– sobre cuestiones como la autoridad de la Biblia, el funcionamiento de la jerarquía eclesial, el sentido de la misión cristiana, el tipo de relación que debe establecer el individuo con la comunidad de los creyentes, etc. Podemos encontrar un germen de estas tendencias en la puja que existía dentro de la iglesia primitiva entre las facciones más conservadoras y ligadas al judaísmo –cuyo principal referente era Santiago, el hermano de Jesús– y aquellas más progresistas, que dialogaban con la filosofía griega y la cultura pagana –encabezadas por Pablo de Tarso–.

Los dos extremos del péndulo luchan, desde donde entienden, para promover la pureza de la fe. Para unos, el tradicionalismo rancio y estéril es el principal enemigo; para los otros, el gran peligro se encuentra en la relajación de algunas prácticas y valores al buscar actualizar la fe. Ambos frentes se encuentran ante la necesidad de afirmar aquello que consideran esencial en el Evangelio, de encontrar formas de vivir plenamente en un contexto entendido como hostil y de ofrecer un testimonio ante Dios y los semejantes del que no tengan que avergonzarse.

La cuestión de la autoridad y la organización de la iglesia es uno de los ejes donde estas tendencias chocan más a menudo; las cosmovisiones no solo afectan ideas abstractas sobre la Biblia o la teología, sino que se traducen en modelos y prácticas diferentes. Los lugares de autoridad y poder de decisión son generalmente ocupados por los mayores; los jóvenes somos aquellos que buscamos el cambio y tomamos postura ante el *statu quo*. Cada nueva generación construye su identidad, hasta cierto punto, en oposición a la de sus padres: necesitamos hacer lo que ellos olvidaron y queremos olvidar algunas de las cosas que hicieron. Desde nuestro rol de subalternos y periféricos, los más jóvenes miramos con impotencia ciertos maltratos a esa iglesia a la que, a pesar de todo, amamos. Esos abusos despiertan un repudio, una vergüenza, un dedo profético que no puede dejar pasar el pecado.

Muchas veces las acusaciones son muy serias, van más allá de las formas superficiales y atacan al corazón mismo de la fe. Somos muchos los que sentimos que la iglesia está descontextualizada, que sigue respondiendo como un contestador automático a preguntas que se formulaban hace veinte o treinta años. Sentimos que la misión misma de la iglesia se ha desvirtuado, que lo que debería ser «predicar el Evangelio», «hacer discípulos» y «ser embajadores de Cristo» ha tomado extrañas y peligrosas formas: congregaciones con miles de miembros, salones lujosos, un discurso empapado de consumismo, la búsqueda constante de más y más poder. Hemos cambiado las obras de amor por programas que nos mantienen de culto en culto; la fuerza imparable del Evangelio ha sido escondida en una organización que mira puertas adentro. La herencia de la modernidad no nos abandona; seguimos confiando más en instituciones y programas que en la obra soberana del Espíritu en las personas.

Mi generación clama por una renovación de la iglesia y quizá el único camino sea sacudirlo todo e iniciar una nueva Reforma que vuelva a ubicarnos en el camino correcto. Al igual que Francisco de Asís en el siglo XIII y Martín Lutero en el siglo XVI, creemos que es urgente que la fe de Jesús se distancie de esas tradiciones, comodidades y errores que se han ido adhiriendo en el camino. Y quizá, afirman algunos, la única manera de tomar distancia sea romper completamente con la iglesia institucionalizada en el mismo sentido en el que Lutero rompió con Roma.

Harvey Cox pensaba que la iglesia debería ser la vanguardia de Dios en el mundo. *Vanguardia* viene de un término militar francés, *avant-garde*, con el que se nombraba a la sección del ejército que iba al frente, guiando al resto. La sangre joven de la iglesia está en ebullición porque sentimos que Dios nos convoca a poner nuestra mirada y dones a su servicio. En estos tiempos de fragmentación donde los grandes relatos y las instituciones han perdido su credibilidad, el Espíritu Santo se sigue moviendo y rompiendo nuestras estructuras. Llegan noticias de todas partes del mundo sobre creyentes sinceros y valientes que retoman el modelo de la iglesia primitiva y se alejan de los rituales vacíos para volver a lo fundamental: amar a Dios y vivir el Evangelio con sencillez, amar al prójimo como a uno mismo, compartir la fe en comunidad. Estos tímidos brotes son para nosotros motivo de esperanza; en el aire presentimos un despertar. Estamos cansados de la doble vida, del fariseísmo y las excusas que enturbian el mensaje de la cruz. Las cosas no pueden seguir así y por eso oramos para que Dios abra las mentes y los corazones, que abra los oídos de nuestros mayores a la luz que el Espíritu despierta en nosotros.

Pero la realidad a menudo es más cruda que nuestros ideales. Dentro de las estructuras de nuestras congregaciones, no hay mucho espacio para nosotros ni para estos anhelos diferentes a los de nuestros padres y por eso en el estado actual de cosas parece que solo quedan dos pésimas opciones sobre la mesa: irse de la iglesia o quedarse mal. La juventud desaparece en masa de nuestras comunidades; no podemos o no queremos ser solo un número en una iglesia que no nos incluye, que no nos entiende y con la que no nos identificamos. Algunos deciden quedarse pero saben que ese acto significará negociar. Goethe escribió: «Si te acostumbras a la jerarquía, te coronaré rey»[79]. A fin de permanecer o de «hacer carrera», algunos terminan por reprimir esa luz que infunde el Espíritu. De una forma u otra, el modelo se perpetúa: la iglesia queda paralizada en el tiempo, estática, inmune a los cambios.

A lo largo del capítulo 23 de Mateo, Jesús descarga todo su celo santo contra aquellos representantes de la fe que obstaculizaban la entrada al Reino. Los fariseos tenían dos pecados estructurales: «No hacen lo que enseñan» (vs. 3) y «aplastan a la gente bajo el peso de exigencias religiosas insoportables» (vs. 4). Es decir: mantienen un doble discurso y ocupan el lugar de la voluntad de Dios con sus propios ideales espirituales.

Estoy convencido de que los fariseos nunca mueren. Generalmente, los críticos suelen identificar el fariseísmo contra el que tanto combatió Jesús como propiedad exclusiva de los mayores, de las autoridades, de aquellos a los que ven como más tradicionalistas o conservadores. Se suele creer, consciente o inconscientemente, que de ese pecado quedan exentos los que no están interesados en ciertos rituales o aquellos que se identifican con la vanguardia de la fe. T. S. Eliot escribió que «siempre debemos estar en guardia contra el peligro que implica el 'cambio de espíritu' que se manifiesta mediante el empleo de un nuevo vocabulario»[80]. Muchos de mis contemporáneos más progresistas suponen que el fariseísmo es un tipo de pecado contra el que combaten los hermanos más conservadores, nunca los vanguardistas.

El periodista y teólogo inglés Gilbert Keith Chesterton dijo que los rebeldes actuales son nada más que escépticos; como no son leales a nada, nunca llegan a ser verdaderos revolucionarios: «Rebelándose contra todo, han perdido su derecho a rebelarse contra algo»[81]. Nuestras ansias de reforma se quedan a menudo solo en el terreno de las opiniones, la especulación y el resentimiento. Entre nuestros fantásticos ideales y la realidad hay un extenso camino, y más de una vez nos falta la entereza espiritual para recorrerlo. Nuestra imaginación excede a nuestra obediencia y probablemente buena parte de estos deseos de apertura, pureza y libertad se parezcan más a la utopía que proyectamos que al ejemplo que ofrecemos.

El amor es nuestro grito de guerra y nuestra gran utopía; sin amor, no hay esperanza, sin amor no es posible una vida de fe ni una iglesia como la que Dios quiere. Pero nuestro ideal del amor se termina traduciendo a menudo en un reproche sin tregua contra todos esos cristianos *tradicionalistas*,

---

79. GOETHE 2004, p. 184.
80. ELIOT 1942, p. 16.
81. CHESTERTON 1943, p. 69-71.

cerrados, hipócritas, limitados, conformistas y *mundanos* que solo piensan en su bienestar y se resisten a nuestra *revolución del amor*.

¿Amor? ¿De verdad? Santiago escribió: «Supónganse que ven a un hermano o una hermana que no tiene qué comer ni con qué vestirse y uno de ustedes le dice: 'Adiós, que tengas un buen día; abrígate mucho y aliméntate bien', pero no le da ni alimento ni ropa. ¿Para qué le sirve?» (2:5,6). A la hora de demostrar el amor por los hermanos, la vanguardia se esconde detrás de la revolución y afirma que hay cosas que no se pueden tolerar y que no se puede tratar con gente así.

Históricamente las vanguardias han tenido un gran inconveniente: creer que todos los problemas del mundo (o al menos, los más importantes) se resolverían milagrosamente cuando todos abrazaran sus reformas. Durante la primera mitad del siglo XX, los intelectuales y artistas de vanguardia –futuristas, dadaístas, surrealistas, existencialistas– creyeron sinceramente que estaban a punto de cambiar el mundo para siempre. Después de la Revolución Rusa de 1917 y hasta un tiempo antes de la caída del muro de Berlín, muchas de las mentes más brillantes del mundo se identificaron con la revolución socialista y despreciaron a todos los que no compartían su entusiasmo. Pero pasa el tiempo, las modas se marchitan y los ideales envejecen; «después de revoluciones y contrarrevoluciones, uno sigue teniendo que convivir con seres humanos»[82]. Nos vamos dando cuenta de que el problema siempre ha sido uno solo: nosotros mismos.

Las vanguardias caen con facilidad en la soberbia y el aislamiento porque pierden de vista los procesos, momentos, necesidades y búsquedas de sus semejantes. Leonardo Boff dijo que «se deben evitar las vanguardias teológicas que pretenden pensar en lugar del pueblo cristiano»[83]. Si de alguna manera creemos que Dios puso en nosotros una luz para nuestro tiempo, solo nos queda responder como respondió Jesús, quien se encarnó en la idiosincrasia de aquellos a los que quería redimir y estuvo dispuesto a entregar su vida por ellos. Esto no solo significa luchar desde la humildad, sino también encontrar mecanismos adecuados para incorporar al resto del pueblo de Dios en el proyecto de renovación.

Todos tenemos nuestro propio ideal de comunidad cristiana. Nuestra limitada porción de revelación y nuestros intereses forjan en nosotros una imagen más o menos consciente de lo que debería ser la iglesia, pero está claro que el Cuerpo nunca alcanza ese ideal. Sin embargo, hay algo de perverso en ese deseo porque, como escribió Bonhoeffer,

---

82. Epílogo de Oscar Caeiro, GOETHE 1979, p. 112.
83. BOFF 2004.

cualquier ideal humano referido a la comunión cristiana le impide la auténtica realización y debe ser destruido para que pueda existir la comunión verdadera. Quien ama más a su propio sueño que a la comunión real, está destinado a ser un elemento destructor incluso si es personalmente sincero, serio y lleno de abnegación[84].

Si los fariseos son aquellos que dicen pero no hacen y que ponen cargas sobre otros que ellos mismos no quieren llevar, creo que todos podemos entrar fácilmente en esa definición. Buena parte de las actitudes de mi generación se parecen, de hecho, bastante al espíritu de los fariseos. La ironía es evidente: a pesar de las diferencias ideológicas y generacionales, parece que en el fondo tanto los «anquilosados del sistema» como los «incendiarios reformistas» tenemos algo de hipócritas. Después de todo no éramos tan diferentes.

Yancey dice con ironía: «Los cristianos tienden a enojarse mucho con otros que pecan de una manera diferente a la de ellos»[85]. Si preferimos nuestra propia forma de fariseísmo a la de los demás es simplemente porque nuestra opinión de nosotros mismos siempre está desnivelada a nuestro favor. Seguimos cometiendo el pecado de Adán y Eva cuando señalamos a otros: a «la mujer que me diste», a «la serpiente que me tentó», a «los conservadores que no entienden nada» o a «esos liberales que no se comprometen con nadie». Cuando pasamos por el filtro del Evangelio, todos caemos en la cuenta de que el espíritu de los fariseos, ese que tanto nos desagrada, también ha encontrado formas de vivir en nosotros.

Timothy Keller sugiere que el problema que subyace a esta situación va más allá del mero fariseísmo; estamos contemplando, según él, un nuevo cautiverio cultural de la iglesia. Ambos lados del conflicto no hacen más que reproducir el espíritu de la época.

> En su forma liberal, [la iglesia] se ha dejado convencer, sin discernimiento, del relato secular de las cosas, evitando la sobrenaturalización del Evangelio de tal manera que la obra del Espíritu parezca verse principalmente en los movimientos seculares de liberación, convirtiendo así a las iglesias tradicionales de ideología liberal en poco más que centros de servicio social en donde reina el lenguaje de los activistas de derechos seculares. En su forma conservadora, se ha dejado convencer, sin discernimiento, de la idea de la religión como forma de satisfacer las necesidades individuales del consumidor, convirtiendo de este modo a la iglesia conservadora en algo parecido a un centro comercial para las necesidades sentidas, en donde reina el lenguaje de la terapia y el mercadeo

---

84. BONHOEFFER 1991.
85. YANCEY 2003, p. 275.

modernos. Las personas ven a Cristo como un camino hacia la autorrealización y la prosperidad, no como un modelo de servicio radical a otros. Ambas alas de la iglesia cristiana están, entonces, cautivas de los ídolos reinantes de la cultura occidental. No están cuestionando estos ídolos en su predicación y en su práctica[86].

Si es cierto que nadie era invisible a la misericordia de Jesús, también es cierto que nadie estaba libre de pecado ante sus ojos. Como dice un amigo, al Señor no le interesan los prontuarios de las personas pero tampoco sus currículums. No importaba si era Juan el Bautista o Nicodemo, un fariseo o una prostituta, un cobrador de impuestos o parte de la dirigencia del templo, enfermo o sano, herodiano o zelote. El Señor no deseaba que nadie permaneciera como estaba; todo aquel que no naciera a una vida nueva, transformada por el Espíritu y alineada bajo su señorío, no era digno de Él. No podemos quedarnos con Jesús si no estamos dispuestos a dar la espalda a las demás lealtades: la vanguardia o la tradición, la juventud o la madurez, el dulce vértigo del riesgo o la cómoda seguridad de lo conocido. En el capítulo 9 de Mateo, encontramos una parábola que puede echar luz a nuestro problema:

> ¿A quién se le ocurriría remendar una prenda vieja con tela nueva? Pues el remiendo nuevo encogería y se desprendería de la tela vieja, lo cual dejaría una rotura aún mayor que la anterior. Y nadie pone vino nuevo en cueros viejos. Pues los cueros viejos se reventarían por la presión y el vino se derramaría, y los cueros quedarían arruinados. El vino nuevo se guarda en cueros nuevos para preservar a ambos (vs. 16,17).

Aunque Marcos y Lucas también recogen esta parábola, solo Mateo –el evangelista más ligado al judaísmo y más preocupado por la identidad de la naciente iglesia cristiana– agrega la idea de conservar ambos cueros para que el vino no se derroche. La resonancia eclesial de la parábola es evidente. La iglesia primitiva, al igual que la nuestra, debía encontrar su identidad entre la tradición y la innovación. La propuesta de Mateo es significativa: no desechar un modelo en favor de otro, sino conservar ambos ya que sirven a distintos propósitos. El hecho de que las respuestas sean diferentes no necesariamente implica que haya una incorrecta; probablemente sean reacciones a diferentes preguntas.

Nietzsche dijo algo muy acertado en cuanto a nuestras batallas por la verdad y el sentido: «Ten cuidado, no sea que combatiendo al dragón, te vuelvas tú el dragón»[87]. Cuando intento silenciar la voz de mi herma-

---

86. KELLER 2012, Op. Cit.
87. Citado en YANCEY 1998.

no, incluso si suena absurda o primitiva a mis oídos, sigo repitiendo el modelo que tanto critico: soy como esas autoridades que no escuchan a nadie más que a sí mismos, soy como esos revoltosos que no le rinden cuentas a nadie. En una vereda o la otra, la iglesia termina siendo solo una excusa para mi hedonismo. Si la opinión de cualquiera de mis hermanos es tan poca cosa que no puede competir con mis grandes revelaciones o mi sana doctrina, no me diferencio en nada de esos a los que considero peligrosos.

La iglesia nació del encuentro problemático entre dos culturas con identidades profundamente divergentes. Los judíos –un poco como los conservadores de hoy– medían el valor de las ideas según su adecuación a las tradiciones religiosas; eran celosos de la doctrina y estrictos en cuanto a sus ideas sobre Dios. La vida y muerte de Jesús fueron una vergüenza para los judíos porque ese Mesías galileo no se adaptaba para nada a los esquemas inmutables de su fe. Por su parte, los griegos –un poco como los progresistas de hoy– medían la importancia de las ideas según su novedad y racionalidad, requerían del Evangelio que fuera estimulante, novedoso y revolucionario a nivel intelectual. La vida y muerte de Jesús fueron una locura para los griegos porque ese filósofo de poca monta no había citado a Platón, a Aristóteles ni a los estoicos; además, se parecía más a un moralista de la plebe que a un pensador de alto vuelo.

Cuando ambas facciones quisieron integrarse a la iglesia, los apóstoles no dudaron en señalar que no podían hacerlo sin dejar atrás sus preconceptos y expectativas. Había algunas diferencias fundamentales entre el Evangelio y esas otras búsquedas. Pablo resiste en la carta a los Gálatas a la influencia de los judaizantes, y las cartas de Juan son testimonio de una resistencia similar a los gnósticos. En el primer capítulo de la Primera carta a los Corintios leemos que «cuando predicamos que Cristo fue crucificado, los judíos se ofenden y los gentiles dicen que son puras tonterías» (vs. 23); sin embargo, «ese plan 'ridículo' de Dios es más sabio que el más sabio de los planes humanos, y la debilidad de Dios es más fuerte que la mayor fuerza humana» (vs. 25). El Evangelio rompe nuestras ideas previas, desarma nuestra armadura. La cruz es, en el lenguaje de Pablo, un *skandalon*, una ofensa; no podemos suavizar el escándalo de la cruz para hacer más ligera la entrada al Reino de los cielos. Ni la seguridad de las tradiciones ni el vértigo de la novedad pueden mantenerse en pie ante el Cristo muerto y resucitado; «nadie puede jamás jactarse en presencia de Dios» (vs. 29).

La frágil tensión entre el consenso y la protesta esconde la clave de la unidad. El que solo reforma, nunca permanece; el que quiere únicamente permanecer, no reforma jamás. En la parábola de los odres coexisten la tradición y la renovación. La iglesia no necesita uno de los extremos sino ambos; la diversidad del Cuerpo suple las carencias de los miembros. Por el contrario, cuando ambos frentes se quieren imponer y se ponen a remendar los agujeros de los otros con sus propios parches, todos perdemos: la tela se rasga, los odres se rompen, el vino se desperdicia.

> *Cuando realmente aprendemos a conocer nuestra corrupción individual, es recién entonces cuando verdaderamente podemos seguir adelante y pensar en la culpa corporativa, y siempre será poca la atención que le dediquemos.*
> *C. S. Lewis*

HEGEMONÍA Y PARADOJA
La creatividad del Evangelio de Jesús ante el imperio del sentido común

> *Desde aquí parece que podemos pensar todo pensamiento que se nos ocurra pero esto es así simplemente porque estamos aquí adentro. Sin dudas, las arañas piensan que las telarañas agotan las posibilidades.*
>
> **Ray Jackendoff**

Detrás de los barrotes de una cárcel italiana, proscrito por el régimen fascista de Benito Mussolini, el filósofo Antonio Gramsci reflexionó sobre la ideología y la hegemonía. Gramsci recuperó las ideas de Lenin sobre la tiranía de los gobiernos totalitarios y las aplicó al funcionamiento de cualquier sociedad; de la misma manera en que un régimen político controla el poder, la sociedad misma tiene sus propios mecanismos de control. Las ideas y puntos de vista no son inocentes; todas estas percepciones y creencias funcionan como un tejido que da coherencia a la sociedad, son una *ideología* inconsciente en la que todos participamos. Con el tiempo y la repetición, esa ideología se va convirtiendo en la única alternativa posible, en un poder que gobierna las mentes de forma mucho más eficiente que ninguna dictadura; Gramsci denomina a esto *hegemonía*. El sociólogo canadiense Marc Angenot desarrolla estos conceptos del filósofo italiano y sugiere que en nuestras sociedades las ideologías están en lucha constante intentando convertirse en hegemónicas. Hay ciertas ideas que eran descabelladas hace cincuenta o cien años y hoy son absolutamente imprescindibles; esto es, según Angenot, una ideología que destronó a otra y se convirtió en hegemónica.

El principal aliado de una ideología hegemónica es el sentido común, no tanto lo que se afirma, sino todo lo que se deja afuera. En un tiempo histórico, en una sociedad determinada, no todas las ideas son posibles. Aquello que queda por fuera de la hegemonía es visto como peligroso o absurdo; muchas veces, es incluso prácticamente invisible. Todo lo que está por fuera del discurso hegemónico de una sociedad o grupo es mirado con desconfianza y una pizca de menosprecio.

Las ideas de Gramsci y Angenot son muy útiles para entender las fracturas que crecen en nuestro mundo. La puja de las ideologías por convertirse en hegemónicas termina por construir verdaderas batallas entre formas de ver el mundo aparentemente irreconciliables. Gaston Bachelard decía que los paradigmas y cosmovisiones se construyen a partir de oposiciones fundamentales; esto significa que cada uno tiene sus propios valores, necesidades y enemigos. Dentro de los límites de una misma hegemonía, es posible estar en desacuerdo sobre algún punto y poder solucionar el asunto con un fondo común de argumentos. Pero cuando chocan dos formas diferentes de ver el mundo, los argumentos de un lado no logran pasar al otro, no tienen un terreno en común para encontrarse. Por eso, lo normal es que nos atrincheremos en nuestros argumentos y sentidos. La grieta parece irreconciliable; este sentimiento de angustia y frustración está latente en los debates sobre política, economía, género, educación, medio ambiente y religión. Mis valores suenan como un absurdo para el que está del otro lado de la vereda, sus respuesta suenan poco adecuadas a mis preguntas. Esta tensión es explotada por los medios de comunicación para construir trincheras de sentido. Hay temas, ideas, personajes, mecanismos y palabras que se asocian con un extremo o con el otro. El debate no deja espacios vacíos. Lo que no entra en ninguno de esos casilleros desaparece, se vuelve irrelevante o invisible. Aquellos que intentan permanecer ajenos a uno de los extremos suelen ser vistos como poco comprometidos o incluso como funcionales al bando enemigo. Las reglas del juego están preparadas para una guerra fría sin tregua.

Montaigne escribió hace tiempo «no sé lo que soy, pero sé de qué huyo»[88]. Cada generación quiere escapar de la sombra de sus predecesores y encontrar su propio lugar en el mundo. En nuestro tiempo, la grieta que separa la tradición de la novedad se confunde con las diferencias que existen entre el paradigma moderno y el posmoderno. Los valores fundamentales de la modernidad son añejos y ridículos para la ética posmoderna, mientras que los grandes enemigos de la posmodernidad son también los ideales más preciados del paradigma moderno. Algunos ejemplos quizás baste para poner en evidencia el núcleo del asunto.

En la era de la Razón, la peor de las acusaciones era la incoherencia; todo debía tener una lógica sólida, una razón de ser. Después de Nietzsche, de las vanguardias y las dos Guerras Mundiales, ya no nos interesa ser coherentes, preferimos la originalidad. Somos herederos de los poetas románticos que buscaban la libertad por encima de la razón. A la hora de encontrar pareja, elegir una carrera o cambiar de trabajo, lo más importante

---

88. Citado en FOUCAULT 2006, p. 33.

es seguir el impulso del corazón. En las iglesias, esto se traduce en predicaciones más motivacionales que lógicas, en canciones que apelan a las emociones y en una percepción individual de la relación con Dios. Menos mente y más corazón, más espontaneidad y menos estructuras. A fin de cuentas, ¿a quién le importa la lógica cuando existen tantos nuevos caminos por recorrer?

La modernidad recomendaba una vida de obediencia; someterse al rey, al Estado, al patrón o al jefe, a los padres o al pastor era la forma de obtener los mejores resultados en la vida. Pero la posmodernidad es escéptica al respecto de las autoridades y critica la actitud misma de la obediencia; se vuelve cada vez más actual y palpable ese lema del famoso ocultista inglés Aleister Crowley: «Hacer lo que quieras será toda tu ley». La horizontalidad y la autonomía individual son los valores supremos de una sociedad que ya no confía en los resultados de las cadenas de mando. En las iglesias, esta tensión entre la obediencia, la disciplina y la rigidez por un lado y la autonomía, la liberalidad y el dinamismo por el otro es evidente en nuestros sentimientos hacia el diezmo y la ofrenda. En el pasado, y en consonancia con los valores «modernos», el diezmo era obligatorio y las ofrendas optativas; el énfasis estaba puesto en la obediencia al mandamiento. Pero en las iglesias posmodernas, lo fundamental suele ser la ofrenda; el diezmo se practica cada vez menos, está asociado con el Antiguo Testamento y se enseña como un asunto de conciencia. La ofrenda se ha convertido en un símbolo del corazón generoso y suele ir acompañada por respuestas de gratitud emocionales ante la provisión divina. Nuestra percepción pasada y presente del valor que tienen estas prácticas está, evidentemente, influida por el espíritu de la época.

¿Qué tipo de vida vamos a elegir? ¿Qué tipo de iglesia vamos a privilegiar? ¿Cuáles son los valores que destacaremos y cuales los que criticaremos o ignoraremos por completo? «Los 'hechos' están cargados de teoría»[89], dice Sebastià Serrano. Nuestras decisiones no son inocentes; estamos eligiendo incluso cuando hacemos silencio.

He vivido algunos años en Brasil y en Italia, y en mis experiencias con iglesias locales descubrí que generalmente los creyentes definían su identidad en oposición a lo que entendían como hegemonía cultural. El carnaval representa a Brasil en el mundo; los cristianos, que intentan diferenciarse de esa identidad hegemónica, suelen hacerlo mediante la prohibición absoluta del consumo de alcohol y un estricto código de vestimenta (saco y corbata en el caso de los hombres, vestidos largos en el caso de las mujeres). Los pentecostales italianos ven en la iglesia católica a la gran institución hegemónica de su cultura. Su forma de ser contrahegemónicos es

---

89. SERRANO 1992, p. 46.

mirar con recelo las prácticas católicas: «Si ellos miran televisión, nosotros lo prohibimos»; «si ellos celebran la Navidad, nosotros disciplinamos a los que deciden pasar Nochebuena en familia».

Lo más llamativo de estas prácticas «contrahegemónicas» es que no hacen más que afianzar la hegemonía. Incluso si se oponen a la ideología dominante, siguen perpetuando la misma lógica. No importa si las piezas son blancas o negras; las reglas del juego fueron escritas por otros y no son cuestionadas. Howard Snyder escribió:

> Con demasiada frecuencia la iglesia ha permitido que el mundo defina la naturaleza de la batalla. Así, si el enemigo es el comunismo o el socialismo, los cristianos sienten la tentación de comprometerse sin reservas con el sistema de la libre empresa. Si el enemigo es el «capitalismo dependiente y el neocolonialismo», los cristianos pueden terminar por convertirse en presa de la ideología neomarxista. Si el adversario es la globalización, los cristianos pueden llegar a volverse personas aisladas o nacionalistas. Si el peligro es un punto de doctrina, los cristianos transforman la ortodoxia en una cachiporra; si es un comportamiento específico, el conformismo se transforma en una camisa de fuerza[90].

Las hegemonías son expertas en asimilar las críticas y convertirlas en una variante del mismo sistema que intentaron combatir. Quizá no haya ejemplo más paradigmático de esta estrategia que la imagen del Che Guevara –un símbolo de la lucha contra el capitalismo– estampada en remeras, banderas y afiches, y vendida en masa en todos los rincones del mundo.

Jesús fue un personaje totalmente *sui generis*, un potro salvaje imposible de domesticar, un Mesías incómodo y periférico. Ningún grupo, secta o partido podía contarlo entre sus filas. Para la ideología hegemónica de sus días, el nazareno oscilaba entre la genialidad y la locura. Aunque muchos han querido asimilar la figura de Cristo a sus propias causas desde entonces, algo en Él se resiste a los moldes, no permite que las hegemonías lo asimilen por completo. Me gusta llamar *paradójica* a esa cualidad del Señor; es la que hace coexistir una naturaleza completamente humana con una completamente divina, es la que predica un rey con corona de espinas, es la que da el Reino de Dios a los niños y la que promete la vida a aquellos que están dispuestos a perderla.

En la paradoja, los opuestos no se funden ni se excluyen, sino que coexisten; «los grises que creemos ver no son el resultado de la mezcla, sino del entretejido de blanco y negro»[91]. Pero «las paradojas del Evangelio son

---

90. SNYDER 2014, Op. Cit., p. 178.
91. ALONSO 2000.

para nosotros un vino demasiado fuerte»⁹²; preferimos quedarnos con un extremo del péndulo y aniquilar esa verdad que está en la otra vereda porque no soportamos que el control se nos vaya de las manos.

Entonces, ¿vamos a salir a la búsqueda de grandes y abstractas verdades espirituales o a celebrar las pequeñas experiencias aunque no tengan muchas explicaciones? ¿La disciplina será la clave del crecimiento en la fe o pondremos nuestra esperanza en la sorpresa y lo inesperado? ¿Será la obediencia nuestro valor supremo incluso cuando no es acompañada por un corazón apasionado o buscaremos vivir llenos de amor aunque eso implique no preocuparnos tanto por la obediencia o la santidad? ¿Es preferible una fe coherente, organizada y sistemática aunque a veces caiga en la rutina o una fe creativa, dinámica y original incluso si a veces se aleja de la seguridad de la sana doctrina?

La iglesia parece cautiva de estos debates y no logra desenredar el ovillo ni elevarse sobre los engranajes de la historia. Nuestra era definió los límites del campo de batalla y pareciera que lo único que nos queda es adoptar una posición en uno de los bandos. Pero si abrazamos todo lo nuevo para intentar identificarnos con ese mundo que se viene, ¿en qué punto seremos diferentes? ¿En qué consistirán nuestra misión y testimonio? Y si rechazamos todas las innovaciones para intentar diferenciarnos del rumbo que toma nuestra cultura, ¿de qué manera nos conectaremos con nuestros semejantes? ¿Cómo podemos tender puentes con ellos si nada de su realidad nos interesa?

En los debates sobre el dogma, la ética cristiana, la interpretación bíblica o la misión de la iglesia, no vamos a encontrar el equilibrio sino es en la coexistencia. Los concilios de los primeros siglos de la iglesia nos recuerdan que negar una verdad para afirmar otra es el camino de los herejes. Tanto los que afirmaban la divinidad de Cristo sin su humanidad como los que acentuaban su humanidad a expensas de su divinidad perdían el equilibrio. Tanto los que defendían excesivamente la unidad de la Trinidad como los que insistían en la separación de las tres personas erraban el punto. La coexistencia de los opuestos es la clave de la ética cristiana. La paradoja se encuentra en el centro mismo de nuestra fe y quizá necesitemos volver a ella con determinación si queremos desarmar la dualidad de las hegemonías y dar al mundo una propuesta superadora.

Dios hace las cosas de las formas más insólitas. El libro de Jueces compara su poder con un pan de cebada que rueda inofensivamente por una montaña y derriba, ante los perplejos ojos del mundo, a un campamento de enemigos. Es un Dios de orden que lo manifiesta a través de los desórdenes más inexplicables; es un Dios de gloria que no tiene miedo de

---

92. DE LUBAC 1989, p. 122.

humillarse; es el Creador del tiempo pero un día decidió nacer; es el dador de la vida que muere por las criaturas que creó. El libro de Eclesiastés afirma: «Así como no puedes entender el rumbo que toma el viento ni el misterio de cómo crece un bebecito en el vientre de su madre, tampoco puedes entender cómo actúa Dios» (11:5). En una era de fragmentación y grietas, la paradoja puede ayudarnos a quebrar las respuestas hegemónicas y las oposiciones estáticas.

Frederick Buechner dijo que «en términos de sensatez del mundo, Jesús está más loco que una cabra, y cualquiera que piense que puede seguirlo sin ser un poco loco también está actuando menos bajo la cruz que bajo una falsa ilusión»[93]. Jesús es el Rey de las paradojas, el que rompe nuestros esquemas y hace coexistir los extremos que no sabemos reconciliar. Si la iglesia no quiere perderse en una multitud de voces y discursos encontrados, necesita descubrir una vez más el poder que tiene la Buena Noticia para desestabilizarlo todo, empezando por nuestra propia seguridad.

De todo laberinto se sale por arriba.
Leopoldo Marechal

---

93. *The faces of Jesus*, citado en YANCEY 2005, Op. Cit., p. 214.

PASAR LA ANTORCHA
Pablo y Timoteo: un ejemplo para pensar el relevo generacional

Ten cuidado de ti mismo y de la doctrina.
Primera Timoteo 4:16

La posmodernidad está de vuelta. No hay nada nuevo bajo el sol. Solo nos queda visitar el pasado y maquillarlo un poco para nuestro entretenimiento. En la posmodernidad, los vinilos y las polaroids, la *memorabilia*, los *revivals*, lo *retro* y lo *vintage* están de moda; hay un interés renovado por el glamour de los cincuenta, la música de los sesenta, la cultura antisistema de los setenta, la ropa de los ochenta y la rabia de los noventa. El éxito de bandas como Tame Impala y Daft Punk o de producciones audiovisuales como *Midnight in Paris*, *Mad Men* o *Stranger Things* dependen fuertemente de ese contacto con la nostalgia. En una era marcada por la copia, la saturación y el desencanto, el recuerdo del pasado parece el mejor refugio. Lejos de los *smartphones*, internet y los memes existía un mundo más auténtico, que hoy podemos solo anhelar.

Los cristianos no estamos ajenos a este despertar de la nostalgia y encontramos en la iglesia primitiva el modelo que nos permite elevar la mirada por encima de esta realidad incomprensible. En la autenticidad de los primeros discípulos, descubrimos nuestras raíces y el rumbo que la iglesia de hoy ha perdido.

Jean-Jacques Rousseau popularizó en los debates antropológicos el *mito del buen salvaje*. A partir del modelo de los indígenas americanos, el filósofo francés elaboró una teoría que consideraba a los nativos como intrínsecamente buenos. En su estado natural, el ser humano es bueno; es la vida en sociedad la que corrompe esa bondad original. La modernidad utilizó la idea de Rousseau una y otra vez por diferentes motivos. En parte, como una legitimación del individuo en detrimento de la sociedad (una tendencia que favoreció el individualismo contemporáneo), pero también como una forma «inocente» de excluir a los diferentes: vamos a tratarlos como salvajes y a mantenerlos lejos «por su propio bien». Si tenemos contacto con ellos, vamos a corromperlos. La teoría del buen salvaje propone una dualidad: lo bueno está lejos, la pureza está fuera de nuestro alcance. Esta aparente exaltación del salvaje fue también la piedra fundamental del colonialismo y de más de una política de segregación étnica.

De igual manera, la glorificación de la iglesia primitiva puede ser, incluso con las mejores intenciones, una especie de traición. Al igual que sucedió con los románticos y la Edad Media, nuestra fijación nostálgica con las prácticas de los primeros cristianos puede ser una forma de escapismo, una evasión espiritualizada que nos exime de nuestra pertenencia a la iglesia de hoy. Es cierto que la iglesia primitiva fue un baluarte de la fe en una era escabrosa, pero también es cierto que esos anónimos creyentes fueron hombres y mujeres como nosotros. La palabra «utopía» viene del griego *uthopos*, que significa literalmente «no lugar». La idealización de la iglesia primitiva puede ser un estímulo de cambio pero también un ídolo, un lugar que no existe pero que nos aleja del presente. Si no es posible vivir un cristianismo pleno en cualquier época y lugar, entonces el cristianismo no es la respuesta que el mundo necesita.

Dios escogió su pueblo entre razas y culturas muy diversas; como ya he sugerido, la llegada del Espíritu Santo en Pentecostés es una muestra simbólica de esa diversidad étnica que definió a la iglesia desde sus comienzos. Los primeros cristianos tenían la convicción de que su identidad como seguidores de Cristo estaba completamente ligada no solo a la unidad con su Maestro, sino también entre ellos: o la iglesia era universal o no era iglesia. La oración de Jesús en Juan 17 desarrolla la importancia de esta convicción. La diversidad cultural de la iglesia atentaba contra su búsqueda de coherencia; los primeros cristianos no tenían nuestro canon bíblico ni contaban con nuestros casi dos mil años de teología e interpretaciones. La fe en el Dios crucificado podía ser arrastrada para cualquier lado por cualquier viento de doctrina. Y, sin embargo, ellos lograron resolver mucho mejor que nosotros el enigma de la unidad.

Mientras buscaba algunas pistas para descifrar el acertijo, me topé con una recomendación que da Pablo a su joven discípulo Timoteo: «Ten cuidado de ti mismo y de la doctrina» (1 Tm. 4:16; RVC). Casi al final de su vida, el extravagante apóstol de Tarso dejó sus consejos más prácticos a su extravagante sucesor. En tiempos donde los referentes nos han abandonado y nos encontramos naufragando entre los escombros de las viejas identidades y los desafíos más urgentes, estas sencillas sugerencias pueden ayudarnos a encontrar respuestas.

La preocupación por la doctrina es el hilo conductor de las dos cartas que Pablo envió a Timoteo. Cada epístola tiene incluso una sección especialmente dedicada a aquellos que, en los últimos tiempos, abandonarán la sana doctrina y cometerán apostasía. Con toda seguridad, Pablo afirma que «en los últimos tiempos algunos se apartarán de la fe verdadera; seguirán espíritus engañosos y enseñanzas que provienen de demonios» (1 Tm. 4:1). No querrán escuchar las palabras de vida eterna, sino que «seguirán sus propios deseos y buscarán maestros que les digan lo que sus oídos se mueren por oír. Rechazarán la verdad e irán tras los mitos» (2 Tm. 4:4,5). Pablo describe una y otra vez a esa gente que

> solo tendrá amor por sí misma y por su dinero. Serán fanfarrones y orgullosos, se burlarán de Dios, serán desobedientes a sus padres y malagradecidos. No considerarán nada sagrado. No amarán ni perdonarán; calumniarán a otros y no tendrán control propio. Serán crueles y odiarán lo que es bueno. Traicionarán a sus amigos, serán imprudentes, se llenarán de soberbia y amarán el placer en lugar de amar a Dios. Actuarán como religiosos pero rechazarán el único poder capaz de hacerlos obedientes a Dios (2 Tm. 3:2-5).

Estos fragmentos están cargados de rabia porque Pablo no está describiendo la vida impía fuera de las paredes de la iglesia, sino a los que rechazaron la fe. Los apóstatas se camuflan en el Cuerpo de Cristo con una máscara de buenas obras, fingen ser oyentes interesados pero solo escuchan sus propios deseos, simulan llevar una vida de fe aunque no están interesados en la fe verdadera. Aquellos que traicionan la fe «no tienen ni idea de lo que están diciendo a pesar de que hablan con mucha seguridad» (1 Tm. 1:7); por eso el consejo es enfático: «Evita las conversaciones inútiles y necias, que solo llevan a una conducta cada vez más mundana. [...] No te metas en discusiones necias y sin sentido que solo inician pleitos» (2 Tm. 2:16,23).

El espíritu inflexible de estos versos y la insistencia en una doctrina sana, definida, hasta cierto punto estática, choca de frente con nuestra ética posmoderna, que es tolerante, inclusiva y alérgica a las categorías cerradas. No soportamos que alguien ponga límite al juego de la interpretación y la subjetividad, desconfiamos de todos aquellos que se abogan la capacidad de separar las aguas. Pareciera que el germen de la apostasía es particularmente tentador para un contexto como el nuestro. John Stott escribió:

> El cristiano siempre debe ser tolerante en espíritu, lleno de amor, de comprensión, perdonando y soportando pacientemente a otros, pues el verdadero amor «todo lo sufre, todo lo cree, todo lo espera, todo lo soporta». Pero, ¿cómo podemos tener mentes tolerantes hacia lo que Dios ha revelado claramente que es malo o erróneo?[94].

---

94. STOTT 1975, Op. Cit., p. 18.

Contra la inclinación posmoderna a caer en la apostasía, la propuesta de las dos cartas de Pablo a Timoteo insisten en la fidelidad a las palabras dichas por Dios. «O la Biblia tiene la autoridad final y determina lo que es aceptable o no en la cultura, o la cultura tiene la autoridad final y determina qué es aceptable o no en el texto»[95]. No permanecer en sus palabras es dejarse llevar por la propia vanidad: «Cualquiera que enseñe algo diferente es arrogante y le falta entendimiento. Tal persona tiene el deseo enfermizo de cuestionar el significado de cada palabra. Esto provoca discusiones que terminan en celos, divisiones, calumnias y malas sospechas» (1 Tm. 6:3,4). Por lo tanto, el consejo de Primera Timoteo sigue sonando con fuerza hoy: «Cuida bien lo que Dios te ha confiado. Evita las discusiones mundanas y necias con los que se oponen a ti, con su así llamado 'conocimiento'» (6:20,21).

La doctrina es una clave de lectura fundamental para comprender las epístolas a Timoteo. La palabra griega para «doctrina» (*didaskalia*) aparece más de diez veces en estas cartas escritas en medio de un relevo generacional. La primera generación apostólica estaba ya desapareciendo e iban siendo cada vez más visibles nuevos actores y nuevas ideas en la iglesia. En este contexto, Pablo propone de manera sistemática que la forma de escapar de la vanidad y la palabrería que nos confunden y alejan de Dios es permanecer en la doctrina.

El segundo consejo que recibe Timoteo es tener cuidado de sí mismo. Aunque desarrolló su ministerio poco tiempo después de la fundación de la iglesia, no por eso Timoteo estuvo exento de tradicionalismos. La joven comunidad cristiana no era perfecta, nunca lo fue, y ya desde el comienzo fueron fuertes las tendencias legalistas y conservadoras. Un ejemplo de esto son los judaizantes, uno de los grupos más influyentes de la iglesia primitiva, quienes predicaban enfáticamente la necesidad de volver a las prácticas más rigurosas de la ley de Moisés.

Si hoy el cristianismo es una fe autónoma de las tradiciones y rituales judíos, en buena medida se lo debemos a ese extraño filósofo de Tarso que escribió buena parte de nuestro Nuevo Testamento. Pablo fue un miembro de honor de la primera generación apostólica pero también una de las figuras más controvertidas de la iglesia primitiva. Su conversión era un milagro para algunos y un peligro para otros. Sus enseñanzas progresistas eran vistas con desconfianza porque se alejaban de la seguridad de las tradiciones y dialogaban con la cultura grecorromana. Pablo no tenía problema en confrontar a judíos y paganos, hombres y mujeres, esclavos y ricos, ni siquiera al emperador o al mismo Pedro.

---

95. KELLER 2012, Op. Cit.

Incluso pareciera que todos los miembros del inusual equipo de Pablo fueran del tipo de personajes extravagantes que no entran fácilmente en nuestras comunidades. Uno de los miembros del grupo era Lucas, un médico con notable capacidad para la literatura. Los prólogos de su evangelio y del libro de Hechos dan cuenta de que probablemente era más analítico que emocional: están redactados como tratados de investigación y dirigidos a Teófilo, que puede ser el nombre de una persona o también un símbolo (en griego, significa «amor a Dios» o «amigo de Dios»). Gracias al ojo analítico de Lucas tenemos hoy el evangelio más atento a los detalles de los cuatro.

Otro miembro del equipo era otro joven, llamado Juan Marcos. Cada uno de sus nombres es típico de una tradición: Juan era un nombre judío; Marcos, un nombre romano. Por su culpa hubo tal desacuerdo entre Pablo y Bernabé, hasta entonces inseparables, que el equipo misionero tomó caminos diferentes. A pesar de todo, fue el problemático Juan Marcos el escritor del primer evangelio, que sirvió de modelo para Mateo y Lucas. Hacia el final de sus días, Pablo volvió a convocarlo para que colaborara en su equipo.

Timoteo fue el sucesor más directo del ministerio de Pablo. Al igual que su mentor, toda su vida estuvo atravesada por la encrucijada. Timoteo siempre estuvo a mitad de camino entre tradiciones y culturas. Desde su infancia, recibió una identidad duplicada: tenía un padre griego y una madre judía. El dato no es puramente anecdótico; más allá del bilingüismo, la coexistencia de modelos apartaba a Timoteo del común denominador. Tanto para los griegos como para los judíos, el joven discípulo de Pablo era una figura atípica. Aunque «los creyentes de Listra e Iconio tenían un buen concepto» de él, «todos sabían que su padre era griego» (Hch. 16:2,3). En una religión compuesta mayoritariamente por judíos celosos de sus raíces, ser mitad gentil no era cosa fácil. Pero justamente por eso, Timoteo se convirtió en un mediador, en un traductor de culturas.

Timoteo tenía muchos motivos para sentirse diferente. Su propio recorrido y su entorno eran suficiente justificación para romper con la rama más tradicionalista y anticuada del cristianismo de su tiempo y empezar algo nuevo, fresco, revolucionario. Por influencia materna, conocía desde la niñez las Sagradas Escrituras (2 Tm. 3:15). Su cercanía con el pensador cristiano más importante de la historia le dio una visión panorámica de su bagaje judío y del alcance de la fe cristiana. Pablo se refiere a él como «mi compañero de trabajo» (Rm. 6:21), «mi verdadero hijo en la fe» (1 Tm. 1:2) y «mi fiel y amado hijo» (1 Co. 4:17). Podemos deducir de la lectura de Filipenses 2 que posiblemente Pablo estimaba a Timoteo por encima de todos sus demás colaboradores. Incluso varias de las cartas que consideramos paulinas (Segunda Corintios, Filipenses, Colosenses, Primera y Segunda Tesalonicenses, Filemón) están firmadas por los dos y probablemente las hayan escrito juntos. Hebreos 13 afirma que padeció persecución; según la tradición, murió como mártir en Éfeso. Si alguien tenía motivos para cortar relaciones con los más conservadores y empezar algo nuevo, ese era Timoteo.

Me aventuro a suponer que este raro discípulo de Pablo siempre fue consciente de las enormes falencias de esa iglesia a la que dedicó su vida, a mitad de camino entre judíos y gentiles. Creo que siempre se sintió sapo de otro pozo, como muchos de nosotros. Sin embargo, de alguna manera, algo en su carácter desentona mucho con nuestras pretensiones. Esto queda claro ya desde el primer encuentro que tuvo con Pablo; el relato se encuentra en Hechos 16. Timoteo recibió la invitación de unirse al equipo misionero junto con una oferta muy tentadora: circuncidarse. Se estima que en este momento, Timoteo tenía treinta años o más. Les pido solamente que se imaginen, estimados lectores, el gran entusiasmo que debe haber inundado al pobre Timoteo cuando Pablo le pidió que se circuncidara «por respeto a los judíos de la región» (vs. 3).

Un capítulo antes, el libro de Hechos expone en detalle las peripecias del primer concilio de la historia, el Concilio de Jerusalén. Allí Bernabé y Pablo habían combatido con firmeza a todos aquellos que intentaban anclar la nueva fe del Cristo a los rituales del antiguo pacto y habían, oficialmente, ganado la discusión. Los únicos requisitos que los apóstoles pidieron a los nuevos creyentes venidos del paganismo fue que se abstuvieran «de comer alimentos ofrecidos a ídolos, de inmoralidad sexual, de comer carne de animales estrangulados y de consumir sangre» (Hch. 15:20). Sin embargo, cuando llegó a Listra y se encontró con Timoteo, Pablo prefirió extender un gesto de amor y reconciliación a los creyentes más conservadores del lugar. Inmediatamente después, y para renovar nuestra sorpresa, «fueron de ciudad en ciudad enseñando a los creyentes a que siguieran las decisiones tomadas por los apóstoles y los ancianos de Jerusalén» (Hch. 16:4). Timoteo prefirió no solo «perder» una discusión teológica, sino también parte de su propio cuerpo antes que romper los lazos con el Cuerpo de Cristo.

Una actitud similar se puede encontrar en la visita de Pablo a Jerusalén (Hch. 21). Para apaciguar los ánimos y las divisiones dentro de la iglesia, el apóstol de los gentiles no solo estuvo dispuesto a acompañar al templo a un grupo de creyentes todavía cercanos al judaísmo, sino que incluso aceptó pagar por sus rituales de purificación (a los que, por cierto, ya no consideraba necesarios).

De todos los consejos que Pablo dio a Timoteo, hay uno que siempre se usa para estigmatizar a las nuevas generaciones: «Huye también de las pasiones juveniles» (2 Tm. 2:22; RVC). Me enseñaron que esta instrucción es una advertencia contra la impureza sexual, la lujuria, la fornicación y la lascivia. Pero ser joven es mucho más que tener hormonas, y a menudo nuestros dilemas pasan por otro lugar. En Primera Timoteo 5:21 leemos: «Te ordeno solemnemente, en presencia de Dios y de Cristo Jesús y de los ángeles altísimos, que obedezcas estas instrucciones sin tomar partido ni mostrar favoritismo por nadie». Ser joven también tiene que ver con una tendencia a amar más a los ideales que a las personas: es revolución, protesta y fuego. Las cartas a Timoteo nos advierten contra todas estas debilidades del furor de la juventud. Y de hecho, el contexto de la advertencia «huye de las pasiones juveniles» aclara justamente que el sentido tiene más que ver con otros que con mi propia individualidad: «Disfruta del compañerismo de los que invocan al Señor con un corazón puro».

Ten cuidado de ti mismo y de la doctrina. Pablo no propone planes inmensos y novedosos, no visualiza proyectos a largo plazo ni aventura una relectura de la iglesia para actualizarla a la generación de Timoteo, la que continuaría su legado. Tampoco coloca el problema afuera, en otros, en los errores ajenos. Por el contrario: repite las mismas ideas una y otra vez: «Ocúpate en estas cosas, y permanece en ellas» (1 Tm. 4:15; RVC); «debes permanecer fiel a las cosas que se te han enseñado» (2 Tm. 3:14); «aférrate al modelo de la sana enseñanza que aprendiste de mí, un modelo formado por la fe y el amor que tienes en Cristo Jesús. Mediante el poder del Espíritu Santo, quien vive en nosotros, guarda con sumo cuidado la preciosa verdad que se te confió» (2 Tm. 1:13,14).

Muchos de nosotros, que amamos fervientemente la obra de Dios en el mundo, estamos seguros de que la iglesia tiene que abrir la mente a nuevas formas de pensar y de hacer las cosas. Solo así vamos a escapar de este hueco. Hay una escena fascinante en la película *Jesús de Nazaret* de Franco Zeffirelli en la que un discípulo agradece al cielo por la llegada de Cristo, aquel a quien tanto habían esperado, aquel que iba a abrir la mente del pueblo para guiarlos a la verdad. La respuesta de ese Jesús calmado de Zeffirelli no se encuentra en los evangelios pero me parece reveladora: «Lo necesario no es abrir la mente sino el corazón».

Las palabras de los que vemos las carencias de la iglesia y queremos hacer algo por ella pueden ser una voz profética ante estos tiempos desconcertantes pero lo serán únicamente cuando sean dichas «con toda paciencia y doctrina» (2 Tm. 4:2). *Con toda paciencia* porque el cambio no será instantáneo y porque muchas veces necesitaremos nosotros mismos la paciencia de otros. *Con toda doctrina* porque si perdemos el ancla del Evangelio nada nos va a sostener cuando la noche avance.

El deber cristiano no es avanzar sino perseverar, no es ir más allá de la fe apostólica sino mantenerse en ella.
John Stott

ELOGIO DE LA HUMILLACIÓN
Oprobio y misión en la historia de Israel y la iglesia

> *Bueno me es haber sido humillado, para que aprenda tus estatutos.*
>
> Salmo 119:71

Antes de convertirse en Papa, Joseph Ratzinger escribió: «El cristianismo hoy se presenta como una antigua tradición, sobre la que pesan antiguos mandamientos, algo que ya conocemos y que no nos dice nada nuevo, una institución fuerte, una de las grandes instituciones que pesan sobre nuestros hombros»[96]. Para bien y para mal, el cristianismo ha acompañado dos milenios de historia de la humanidad; hemos participado activamente de muchas disputas como una bandera que flamea alto en el campo de batalla y es imposible dejar de ver. Es muy difícil seguir mirando la fe cristiana con esa inocencia que caracterizó a los primeros discípulos, hace casi veinte siglos.

Recientemente leí una nota escalofriante: en los últimos sesenta y cinco años, alrededor de 800 sacerdotes abusaron en Holanda de entre diez mil y veinte mil niños. Estamos hablando de las estadísticas de un solo país y únicamente de los datos conocidos por la prensa. Es, entre otras cosas, el horror de noticias como esta, anunciadas constantemente por los medios de comunicación del mundo, la confirmación de una realidad: la iglesia ha perdido su credibilidad. Pareciera que esas palabras que Pablo dirigió a unos judíos que vivían en Roma hace dos mil años tomaran un sentido muy real para nuestra iglesia hoy: «Los gentiles blasfeman el nombre de Dios por causa de ustedes» (Rm. 2:24). El cristianismo se ha convertido en un rompecabezas resquebrajado por el pecado, por una diversidad llena de contradicciones y por la falta de propuestas.

---

96. RATZINGER 2004.

En el museo de oprobios de la iglesia de Cristo hay largos pasillos llenos de vergüenza: sacerdotes pedófilos, pastores adúlteros, ministros autoritarios, predicadores que llenan sus bolsillos a costa de sus fieles, políticos «cristianos» que espiritualizan los actos más deplorables, teleevangelistas que predican un Evangelio que se confunde con las estrategias de publicidad y autoayuda, sectas tan ambiguas que hacen difícil distinguir entre santos y herejes. Las guerras religiosas del pasado y del presente son un estigma que no desaparece. Las Cruzadas, la Inquisición, la conquista de América y el colonialismo son los símbolos infames de esa cara macabra de la fe cristiana. Nadie quiere olvidar que la iglesia vendió a Cristo por un par de monedas en muchos momentos de su historia; la iglesia luterana no abrió la boca ante el exterminio de los nazis y la Santa Sede hizo la vista gorda a muchas atrocidades de dictadores como Mussolini, Videla, Pinochet, Franco y Trujillo. La derecha religiosa de Estados Unidos siempre prefiere orar por sus soldados en vez de denunciar el pecado estructural de ese país sangriento que no deja de sumar víctimas en Irak, Afganistán y Siria.

«La iglesia está humillada –dice Albert Van Den Heuvel– porque no es ni lo que dice ser, ni lo que se le pide que sea»[97]. Los teólogos nos enseñaron a ver la iglesia como una realidad espiritual pero esa pureza no siempre tiene mucho que ver con nuestras vivencias. Hemos descrito por tanto tiempo el misterio eterno de la iglesia que ninguna de sus manifestaciones satisface nuestras expectativas. Esperamos ver en la iglesia una obra de arte terminada y se parece más bien a un trozo de barro en movimiento; la imaginamos como un remedio que cura mágicamente los problemas del mundo y se parece más a un hospital en el que Dios va prodigando lentamente sanidad y esperanza.

En nuestros tiempos parece mucho más fácil repudiar a la iglesia que defenderla. Cuesta reconciliar todos los malos ejemplos con esas imágenes profundamente espirituales que presenta la Biblia: que la iglesia es el Cuerpo de Cristo, una realidad visible en la que Dios mismo se está manifestando activamente; que la iglesia es la Novia del Cordero y que, a pesar de todos los tropiezos, está en pleno proceso de santificación. Podemos recordar una y otra vez esas hermosas imágenes pero el sentimiento de desencanto no desaparece tan fácilmente. Por momentos se hace muy difícil batallar contra la galería de malos ejemplos y no es casual que sean cada vez más las personas que afirman seguir el modelo de Jesús pero no quieren identificarse con ninguna comunidad cristiana.

Claro que podemos protestar contra esta situación y echarle la culpa a la ética posmoderna que es intolerante con las instituciones y está particularmente ensañada con todo lo que tiene que ver con la fe cristiana.

---

97. VAN DEN HEUVEL 1970, p. 66.

En la conciencia colectiva, tienen más peso los pecados de un miembro descarriado que la fidelidad de toda una comunidad. Pero lo cierto es que este problema no es solo una cuestión generacional. La iglesia ha hecho cosas terribles, ha tomado caminos que niegan directamente los valores que deberían definirla. No todos somos culpables –o al menos, no todos de la misma manera– pero a fin de cuentas, todos tenemos que soportar las consecuencias de esta ignominia. La espiritualidad es uno de los valores más sensibles que tenemos los seres humanos y ha sido manoseada reiteradamente por muchos representantes del nombre de Cristo. La humillación es nuestro castigo.

El oprobio de la iglesia se parece mucho a la historia de Israel. La apostasía, la rebelión civil convertida en política de estado, la anarquía espiritual y la idolatría forjaron una decadencia que eventualmente condujo al pueblo escogido al exilio. Dios los había librado de la esclavitud en Egipto para que vivieran en libertad y plenitud pero el pecado volvió a encadenarlos una vez más. En el exilio, la misión de Israel como pueblo de Dios se volvió un poco difusa: ya no tenían un templo en el cual ir a adorar ni podían congregarse en la ciudad santa para celebrar sus fiestas anuales. Es en ese contexto que surge, cada vez con más claridad, el anuncio universal de los profetas. Existe a lo largo de todo el Antiguo Testamento una tendencia a alejarse de una concepción étnica de Dios y reconocerlo como el soberano sobre todos. Israel se había convertido en el pueblo escogido defendiendo la tierra árida de Palestina. El exilio los obligó a descubrir al Dios que es rey de toda la tierra. Isaías repite en diferentes lugares de su libro que Israel debe ser luz para las naciones; Jeremías entendió que desde antes de nacer ya había sido llamado para convertirse en un «profeta de las naciones» (1:5) y Miqueas pudo visualizar un tiempo en el que los pueblos del mundo se congregarían para aprender a los pies de Dios. El exilio cambia el foco de la misión de Israel y la convierte en una palabra profética para todas las naciones.

Una característica repetida del Dios de la Biblia es que su amor no solo está dispuesto a humillar a su pueblo para corregirlo, sino que también comparte con ellos su destino. Ante los ojos de las naciones, el fracaso de Israel también significaba el fracaso de su Dios. Yahveh les había entregado la tierra prometida pero no había sido, aparentemente, tan poderoso como para soportar los ataques de Asiria y Babilonia. El profeta Ezequiel reflexionó en esta contradicción que existe entre la santidad del nombre de Dios y el oprobio que le acarrea su propio pueblo:

> Cuando los israelitas vivían en su propia tierra, la contaminaron con su mala manera de vivir. […] Contaminaron la tierra con homicidios y con la adoración de ídolos, por eso derramé mi furia sobre ellos. Los esparcí por varios países a fin de castigarlos. […] Las naciones decían:

«¡Estos son el pueblo del Señor, pero él no pudo protegerlos en su propia tierra!». Entonces me preocupé por mi santo nombre, al cual mi pueblo trajo vergüenza entre las naciones.

Por lo tanto, da este mensaje a los israelitas de parte del Señor Soberano: «Los llevaré de regreso a su tierra, pero no porque lo merezcan, sino para proteger mi santo nombre» (36:18-22).

El Señor fue humillado junto con su pueblo. Durante los años de oro de la monarquía, la prosperidad de Israel se traducía en alabanzas a su Dios. No hacía falta que ellos fueran a las naciones porque todos querían ver las maravillas que el Señor hacía entre su pueblo. Desde África, la reina de Saba llegó a la corte de Salomón con un espíritu dispuesto a la adoración: «Alabado sea el Señor tu Dios, quien se deleita en ti y te ha puesto en el trono de Israel. Debido al amor eterno del Señor por Israel, él te ha hecho rey para que puedas gobernar con justicia y rectitud» (1 Re. 10:9). Proclamar el nombre de Dios en tiempos de prosperidad era algo sencillo; el buen nombre de su pueblo hacía casi todo el trabajo. Pero el anuncio se vuelve algo problemático cuando Israel se convirtió en motivo de burla.

La misionología es la rama de la teología que reflexiona sobre la misión de la iglesia. Los estudiosos señalan que hay dos fuerzas a través de las que se comunica el Evangelio: la *fuerza centrípeta* –que atrae hacia adentro y tiende a juntar todo en el centro– y la *fuerza centrífuga* –que presiona hacia afuera y se proyecta a la periferia–. Durante los años de gloria de Israel, la misión tomó una forma *centrípeta*: las naciones iban a Jerusalén, los pueblos eran atraídos al centro de la fe judía como un imán que los conducía al encuentro con el Señor. Durante el tiempo del exilio, Israel fue entendiendo de a poco que su misión era *centrífuga*: el mensaje debía trascender las fronteras. Era necesario que dejaran su comodidad para convertirse en un mensaje de esperanza para todos los pueblos. En ambos casos, la reputación de Israel repercutió directamente en su misión.

Cuando el buen nombre precedía al pueblo de Dios, no necesitaban hacer grandes esfuerzos; los pueblos de la tierra querían estar cerca de ellos. Los astutos gabaonitas confesaron a Josué: «Venimos de un país muy lejano, por causa del nombre del Señor tu Dios» (Jos. 9:9; RVC). El Salmo 86 reconoce que «todas las naciones que hiciste vendrán y se inclinarán ante ti, Señor; alabarán tu santo nombre. Pues tú eres grande y haces obras maravillosas; solo tú eres Dios» (vs. 9,10). Pero cuando Israel fue al exilio, su misión fue resignificada; «la dispersión de Israel entre las naciones, considerada antes como un juicio de Dios, se convierte en una ocasión otorgada por él para ser alabado entre los paganos»[98]. Los profetas comenzaron a

---

98. JEREMIAS 1974, p. 14-15.

preocuparse por las naciones. Algunos mensajeros, como Jonás, se resistieron a adaptarse a este giro en la misión pero muchos gentiles fueron reconciliados con Dios e incluso puestos como ejemplo para Israel. En el libro de Daniel encontramos el testimonio de dos reyes paganos que reconocieron el poder de Yahveh. El primero es Nabucodonosor, que confesó: «Ahora, yo, Nabucodonosor, alabo, glorifico y doy honra al Rey del cielo. Todos sus actos son justos y verdaderos, y es capaz de humillar al soberbio» (4:37). El segundo es Darío, quien proclamó que el Dios de Daniel «es el Dios viviente, y permanecerá para siempre. Su reino jamás será destruido, y su dominio nunca tendrá fin» (6:26). Isaías, que ya había reconocido que Dios había usado a Asiria y Babilonia como instrumentos de castigo contra Israel, llegó incluso a otorgar a Ciro, el rey de los persas, un título honorífico como el de *ungido de Dios* (45:1). Y en otro pasaje realmente revolucionario, Isaías tira por tierra las barreras étnicas de la fe del pueblo de Dios: «Bendito sea Egipto, mi pueblo; bendita sea Asiria, la tierra que yo hice; bendito sea Israel, mi posesión más preciada» (19:25).

El oprobio de Israel fue el duro recordatorio que les hizo tomar conciencia de su misión a las naciones. Me animo a sugerir que esto es exactamente lo que está sucediendo con la iglesia. Hubo tiempos en los cuales los seguidores de Cristo teníamos una reputación que nos precedía. Fue lo que pasó con la iglesia de Jerusalén, que disfrutaba «de la buena voluntad de toda la gente» (Hch. 2:47). Fue lo que pasó con esos misioneros tan dedicados y entregados en su trato con culturas milenarias que se convirtieron en el modelo a seguir por los antropólogos. Es lo que pasa con muchas comunidades en los barrios marginales de África y América Latina. En todos estos casos, los discípulos del Señor hemos sido cartas abiertas que vale la pena leer; nuestro testimonio ha sido el mejor aliado de nuestra misión.

Dorothy Sayers[99] escribió que Dios pasó por tres grandes humillaciones en su esfuerzo por redimirnos. La primera fue la Encarnación, que significó dejar su gloria para hacerse como uno de nosotros. La segunda fue la Cruz, en la que Cristo murió como un criminal y cargó con nuestros pecados. La tercera gran humillación es la iglesia: en un acto de abnegación, Dios ha decidido permitir que pecadores como nosotros llevemos la bandera de su santo nombre. En estos días en los que el oprobio sobre el cristianismo es tan grande, el sentido de nuestra misión está en crisis. Cada vez que hablamos sobre Jesús tenemos que dejar en claro que no tenemos nada que ver con todos esos ladrones, abusadores y mentirosos que se hacen llamar cristianos, y necesitamos recordar también la gran distancia que existe entre nuestro Señor y nosotros.

---

99. Citado en YANCEY 2000, p. 160.

Aunque la humillación de la iglesia representa una mancha en el nombre de Dios, tiene un efecto colateral positivo: nos despierta de la comodidad. Al igual que en el caso de Israel, el desprecio del mundo puede ser el medio que Dios use para recordarnos que nuestra misión no es escondernos, sino ser como una lámpara encima de una mesa que ilumina toda una habitación, como una ciudad de refugio que resplandece sobre una colina. No hemos sido llamados para pasarnos la vida en congresos y conferencias, nuestro lugar no está dentro del templo sino en el medio de los lobos. Quizá la humillación de la iglesia es la estrategia de Dios para que salgamos de una vez por todas de nuestros programas y reuniones interminables y vayamos a los lugares donde tenemos que estar.

Los primeros cristianos eran conocidos como «los del camino»; su Maestro había sido un profeta itinerante y ellos, siguiendo su ejemplo, entendían la misión como algo que debía estar en constante movimiento. La iglesia nace en el aposento alto, ahí recibe el Espíritu Santo. Pero todo lo que sigue después no puede suceder entre cuatro paredes. La tierra se llena de la gloria de Dios cuando los discípulos la caminamos.

La iglesia es una prostituta pero también es mi madre.
San Agustín

INSTITUCIÓN Y CARISMA

*La iglesia de hoy ante la crisis,
la autonomía individual y la comunidad*

> *El intento de concebir una religión no institucionalizada
> es sociológicamente infantil.*
> **Harlan Douglas y Edmund Brunner**

No hay nada más fácil que criticar a la iglesia. Es tan sencillo que se ha convertido en una especie de pasatiempo tanto para creyentes como para incrédulos. Todos tenemos algo jugoso para decir sobre la iglesia. Podemos hablar sobre las atrocidades que se cometieron en el pasado o sobre los enormes defectos del presente; podemos desacreditarla a nivel general y afirmar que es una institución caída en desgracia o podemos afinar la puntería para señalar los abusos de personas y comunidades concretas: los herejes que traicionan la sana doctrina, los tibios que no se comprometen, los fariseos que no entienden la gracia, las autoridades que manipulan o los aprovechadores que convierten la fe en un negocio.

A finales del primer siglo, poco más de 50 años después de la muerte de Jesús, el escritor de Apocalipsis ya necesitaba recordar a la iglesia de Éfeso que habían dejado su primer amor; dos mil años después, el desafío es mucho más grande. La fe cristiana ha estado entre nosotros durante tanto tiempo que, incluso cuando intentamos rebelarnos contra la inercia, frecuentemente caemos bajo el peso de la costumbre. El cristianismo pertenece al universo conocido y con un poco de esfuerzo puede amoldarse a todo tipo de causas. Hemos naturalizado el poder revolucionario de la fe de Cristo al unirla a ciertas formas e instituciones. Se nos hace difícil pensar en el mensaje de Jesús al margen de esos discursos que vienen resonando en la conciencia colectiva desde hace veinte siglos.

La respuesta que algunos encuentran ante este panorama es cortar relaciones con la iglesia institucionalizada para emprender un camino individual, no alineado a ninguna tradición, a ninguna autoridad ni a ninguna comunidad de fe: «Una dimensión religiosa sin Dios y sin iglesia, sin Mal y sin Bien, sin Juicio y sin Perdón, sin Más Allá y sin Pecado; una especie de sacralidad sin distinciones que exalta un Yo solitario y autosuficiente»[100]. Los que quieren seguir siendo cristianos a pesar de todo, se identifican con Jesús pero a menudo rechazan la iglesia. Nuestra sociedad busca lo religioso como nunca antes, la espiritualidad está en boga. Sin embargo, es una búsqueda fuertemente individual que rechaza las fórmulas dogmáticas y casi toda noción de autoridad. «La religión propia de las sociedades modernas es el culto del individuo»[101], dice Pier Paolo Giglioli. Todo lo que se asocia con una institución genera desconfianza. La ética posmoderna sostiene que las instituciones no posibilitan la comunicación y la convivencia sino que la dificultan. Todo aquello que recorta la autonomía de los individuos se convierte rápidamente en enemigo. La iglesia, que defiende una serie de verdades que se han mantenido más o menos estables durante dos mil años, se convierte rápidamente en un blanco fácil para las críticas y el repudio de los creyentes y los no creyentes por igual. Es más estimulante comprometerse con algunos ideales de Cristo que con su extraño y maltrecho Cuerpo.

Pero hay una pregunta que muchos nos venimos haciendo y que se encuentra implícita en buena parte de los debates sobre el tema: ¿Es posible decir «sí» a Jesús y «no» a la iglesia? ¿Es posible actualizar la institución o el único camino hacia una fe pujante es abandonar toda noción de institucionalidad? ¿Vale la pena invertir en reformar los modelos de autoridad, los ritos y las prácticas o ni siquiera conviene intentarlo? ¿Son fundados los temores posmodernos en relación con las figuras de autoridad y las instituciones o no son más que un síntoma de inmadurez emocional y espiritual?

Durante la modernidad, la cohesión social se lograba mediante un modelo de autoridad vertical. Desde el absolutismo de las monarquías europeas hasta los fascismos del siglo XX, pasando por la centralidad del papado y las estructuras de las multinacionales, la autoridad en el paradigma moderno funcionó de manera piramidal. Incluso la democracia como modelo político estuvo casi siempre supeditada a la acción de ciertos referentes –políticos, intelectuales, caudillos– que encarnaban las expectativas de la sociedad. La iglesia moderna adoptó este modelo de manera casi unánime. En contra del testimonio comunitario del Nuevo Testamento y los primeros cristianos, la iglesia de la modernidad prefirió los modelos y personajes del Antiguo Testamento: los grandes patriarcas, Moisés o los jueces. Hasta el día de hoy, el verticalismo suele ser una realidad que en las

---

100. PAGLIA 1998, Op. Cit., p. 72.
101. Prefacio a GOFFMAN 2002, p. XIV.

iglesias no se discute y que genera problemas como el pastorcentrismo, los abusos espirituales o la apatía.

Pero la sociedad, como decía Marcel Proust, «se parece a los calidoscopios, que giran de vez en cuando, y van colocando de distinto modo elementos considerados como inmutables, con los que compone otra figura»[102]. En contra de este modelo moderno y en confrontación con el pasado reciente de dictaduras, imperialismo y opresión, la gramática posmoderna tiende a rechazar la verticalidad y, hasta cierto punto, la idea misma de autoridad. El ideal democrático en su versión posmoderna insiste en la horizontalidad, es intolerante con las estructuras piramidales y tiende a menospreciar las funciones y roles específicos. Entre algunos cristianos y comunidades actuales, y en contradicción con numerosas instrucciones de los apóstoles, esto suele traducirse en una gran autonomía de cada individuo: la iglesia se puede descartar en el momento en el que empieza a ser incómoda o a interferir con nuestra libertad. Nadie puede decirnos qué hacer, nadie tiene autoridad para exhortarnos y, si alguien lo hace, nos ofendemos y decimos que nos están juzgando. Es la era de los creyentes golondrina que van migrando de comunidad en comunidad buscando un nido que se amolde a sus expectativas.

En ocasiones, el deseo más o menos explícito de estos esfuerzos es construir comunidades en las cuales las decisiones se alcancen por consenso y no por imposición; la base que sostiene estas expectativas está ligada al aspecto comunitario de la iglesia: somos un Cuerpo, un pueblo, un edificio, y todos podemos acercarnos con la misma confianza al trono de la gracia. Sin embargo, los ideales de la construcción colectiva requieren un tipo de compromiso, permanencia y sacrificio que a menudo no estamos dispuestos a abrazar. Disfrutamos imaginando una iglesia participativa y horizontal pero nos cuesta entregarnos cotidianamente a esa comunidad real de discípulos con la que compartimos la vida. Quizá una buena forma de mirarnos al espejo sería preguntarnos cómo sería la iglesia si todos los cristianos se comportaran como yo.

Aunque es cierto que la elección de modelos más verticales u horizontales frecuentemente puede encontrar respaldo en la Biblia, es cierto también que la mayor parte de los argumentos y sentimientos de un lado y del otro deben más al contexto que a las Escrituras; son el fruto de ciertas mentes, bajo ciertas influencias y ante ciertos desafíos. Cuando el contexto, las influencias y las mentes cambian, las gramáticas pasadas no solo son improductivas, sino también, a menudo, perjudiciales.

En completa oposición al espíritu de nuestra época, Primera Timoteo afirma: «El que quiera ser dirigente, aspira a una buena obra» (1 Tm. 3:1;

---

102. PROUST 2006, p. 81.

PDT). Otra versión traduce: «Si alguien desea dirigir una iglesia, realmente desea un buen trabajo» (TLA). En el griego original, «buenas obras» es *kalos ergon*; es la misma expresión que hallamos en pasajes como Mateo 5:16: «Dejen que sus *buenas acciones* brillen a la vista de todos, para que todos alaben a su Padre celestial», o la que Jesús usa en Juan 10:32: «Bajo la dirección de mi Padre, he realizado muchas *buenas acciones*». En pocas palabras, y aunque pone en crisis nuestra desconfianza elemental hacia las figuras de autoridad y los aparatos institucionales, Pablo afirma que el anhelo de servir a otros ocupando «posiciones jerárquicas» dentro de la «institución eclesial» es, en sí mismo, una obra de bien. El contexto de Timoteo deja bien claro que esa «buena obra» debe estar acompañada por una vida de entrega y servicio intachables. Está bien desear ser el primero, podría haber dicho Jesús, pero en la fe cristiana eso significa tomar el último lugar y ser el sirviente de todos.

Pareciera que una afirmación como esta solo puede generar una legitimación acrítica del *statu quo* y llevarnos a concluir que la institución debe aceptarse tal como está, que los mecanismos de poder son incuestionables y eternos, que debemos contentarnos con seguir repitiendo prácticas añejas y nocivas. Pero la Palabra no nos invita a la resignación, sino a la renovación constante. El verdadero amor vive en una encrucijada paradójica: estar absolutamente comprometido con algo y al mismo tiempo desear profundamente su transformación. C. S. Lewis escribió que la bondad resignada que no dice nada sobre los problemas es el polo opuesto del amor; «el amor, por su propia naturaleza, demanda el perfeccionamiento del amado»[103]. Buscar la sanidad y la reforma de la iglesia contra todos los prejuicios, tradiciones y deformaciones es otra forma de hacer *buenas obras*.

Aunque nuestra ética posmoderna entre en crisis, debemos recordar una de las verdades centrales del cristianismo: yo también soy parte del problema. No basta con buscar la enfermedad afuera: en el pecado de mi prójimo, en el sistema capitalista, en la corrupción política o en la tendencia que podrían tener algunas almas desviadas. Aunque la Biblia tiene mucho para decir sobre los pecados estructurales de la sociedad, lo cierto es que «los malos pensamientos, el asesinato, el adulterio, toda inmoralidad sexual, el robo, la mentira y la calumnia» (Mt. 15:19) nacen en los corazones de los individuos. Suponer que todo es culpa de algunos seres miserables y aprovechadores, de algunos vampiros despiadados y crueles, y que son ellos los culpables del dolor que hay en el mundo es más sencillo que aceptar la dolorosa verdad de que el problema también corre por nuestras venas.

---

103. LEWIS 1977b, Op. Cit., p. 46.

En *La comunidad del Rey*, Howard Snyder demuestra que la institucionalización es una parte inevitable de la vida en sociedad, «simplemente un resultado del hecho de que la gente vive en el espacio y en el tiempo»[104]. La iglesia tiene algunas características que la distinguen de otros grupos sociales pero no está exenta de la institucionalización. Anhelar una iglesia que escape por arte de magia de estos recovecos tan humanos es desencarnar el Evangelio. Snyder sugiere además que

> el amor de Dios por la iglesia debe ser una advertencia para aquellos que desechan totalmente a la «iglesia institucional» por ser corrupta, caída, apóstata o simplemente irrelevante. En la mayoría de los casos la «iglesia institucional», aun cuando contemporiza seriamente, tiene un número de creyentes genuinos que adoran a Dios en verdad y trabajan para el reino. Dios no los ha abandonado ni tampoco (creo y confío) ha desistido de la posibilidad de una renovación genuina y sorprendente de la iglesia en ese contexto[105].

Es cierto que no hay nada más fácil que repudiar a la iglesia como institución; cualquier crítico atento puede encontrar sin mucho esfuerzo un catálogo de pecados en nuestras congregaciones y denominaciones, en nuestras comunidades de base, iglesias locales y grupos pequeños. Pero la advertencia de Gálatas nos recuerda que «si están siempre mordiéndose y devorándose unos a otros, ¡tengan cuidado! Corren peligro de destruirse» (5:15). Santiago también señala que hablar mal de otros es una forma de robarle el lugar a Dios: dejamos de obedecer sus mandamientos para convertirnos en jueces (4:11,12).

La palabra «comunidad» no proviene de una *común unidad*, como suele decirse, sino que tiene su origen en el latín *munus*. Originalmente, este término hacía referencia a un grupo de personas que sostenían relaciones marcadas por la reciprocidad. Hablar de comunidad implica una responsabilidad mutua: yo me entrego al otro y sé que el otro se entrega a mí. El que no se responsabiliza por los demás no tiene *munus*: es, literalmente, *in-mune* a la existencia del otro. La permanente tensión entre el carisma y la institución, entre el mover sobrenatural del Espíritu y las formas humanas de la iglesia, no debe nunca distraernos de lo importante: si quiero descubrir a Cristo, tengo que comprometerme con el otro.

Cuando nos arrogamos el derecho de prescindir de la obra que Dios desarrolla lentamente en su pueblo para perseguir un camino de santificación individual, ponemos el eje de nuestra espiritualidad en nuestras propias aptitudes. Nos olvidamos que «somos como frágiles vasijas

---

104. SNYDER 2014, Op. Cit., p. 109.
105. *Ibid.*, p. 99.

de barro que contienen este gran tesoro. Esto deja bien claro que nuestro gran poder proviene de Dios, no de nosotros mismos» (2 Co. 4:7). Nos engañamos si creemos que se puede seguir a Cristo aislados de los demás. Bonhoeffer escribió que «la santificación fuera de la iglesia visible es una autocanonización»[106]. Si no podemos encontrar a Jesús en nuestro hermano a quien vemos, ¿cómo podríamos encontrarlo en nuestros propios ideales, a los que no vemos?

Nadie puede tener a Dios por Padre si no tiene a la iglesia por madre.

Cipriano de Cartago

---

106. BONHOEFFER 1968a, p. 325.

UNA ÉTICA PARA PECADORES
La tensión entre el amor, la verdad y la santidad de la iglesia

> *Una iglesia que no llama pecado al pecado no puede encontrar la fe cuando quiere perdonar el pecado.*
> *Dietrich Bonhoeffer*

El filósofo y antropólogo francés Paul Ricoeur acuñó la expresión *maestros de la sospecha* para referirse a Nietzsche, Marx y Freud, tres intelectuales que forjaron el espíritu del siglo XX. Los maestros de la sospecha popularizaron un instinto de recelo contra todo lo conocido; al mirar con desconfianza mucho de lo que el mundo había dado por descontado hasta el momento, pusieron en evidencia problemas, temores y mentiras. Nietzsche reabrió los viejos debates sobre el sentido de la vida, el caos y el absurdo, las limitaciones que tenemos para entender el mundo y el enigma de la muerte. Marx fue un intelectual comprometido que creó una filosofía para poder elevar una denuncia; mediante un análisis de la sociedad industrializada del siglo XIX, señaló las fallas estructurales del sistema capitalista y la alienación a la que eran sometidos los menos privilegiados por parte de las clases acomodadas. Freud abrió la cortina que cubría los secretos del mundo interior; al estudiar los sueños, el inconsciente, la sexualidad y la infancia descubrió que hay una brecha enorme entre nuestra identidad oculta y lo que proyectamos en sociedad.

El fracaso de los grandes relatos en la era posmoderna tiene que ver, en buena medida, con esta actitud de incredulidad que aprendimos de los maestros de la sospecha. El cristianismo siempre se encontró con el desafío de ofrecer una visión coherente de la realidad ante los ojos incrédulos; este germen de desconfianza hizo mucho más difíciles algunas afirmaciones de la fe. Si antes habíamos podido definir bastante claramente algunas cuestiones –el significado de conceptos como santidad o pecado, por ejemplo–, después de Freud ya no es tan fácil. El psicoanálisis afirma que en cada uno de nosotros se esconde mucho más de lo que podemos controlar conscientemente. Nuestro mundo interior tiene una complejidad que dificulta el trabajo de distinguir con claridad entre la fe y la credulidad o entre las buenas y las malas intenciones. Hemos tenido que tomar conciencia de que el pecado no es una realidad externa que se manifiesta solo cuando hacemos algo malo. La Caída está mucho más adentro, compromete todo nuestro ser.

Después de Freud, pensar en la reconciliación del ser humano con Dios no puede ser una tarea limitada a aquello que se percibe a simple vista. Y acá empiezan los problemas de la iglesia. Tomar una postura ante el pecado es más difícil que antes. Ya no podemos guiarnos por las apariencias exteriores ni podemos dividir el mundo tan rápidamente entre buenos y malos. En teoría, todos estamos de acuerdo en evitar el pecado pero las opiniones empiezan a multiplicarse en lo que respecta a las formas de descubrirlo y las evidencias del arrepentimiento, dónde terminan las diferencias de temperamento inofensivas y dónde comienzan las actitudes pecaminosas, en qué punto trazar el límite ante ciertos asuntos polémicos, etc.

El evangelio de Juan presenta una historia que se ha convertido en un símbolo de la ética a la que debe aspirar la iglesia en estos tiempos inciertos de la posmodernidad. Una turba sedienta de sangre lleva ante Jesús a una mujer descubierta en adulterio; la ley de Moisés no dejaba lugar a dudas: debía ser apedreada. Los fariseos en realidad querían dejar en evidencia que la teología de Jesús no se amoldaba al testimonio de las Escrituras pero el Maestro, con toda calma y mientras hacía unos garabatos en el suelo, cambió el énfasis del mandamiento: «¡Muy bien, pero el que nunca haya pecado que tire la primera piedra!» (8:7). La actitud de Jesús desarma toda pretensión de justicia humana. Nuestra era se dio cuenta de que en el corazón humano las cosas nunca son blancas o negras; somos creación divina pero el pecado corre por nuestras venas. Ya no podemos sostener una actitud maniqueísta ante la realidad. La pantalla grande nos enseñó que hasta los héroes más altruistas tienen un lado oscuro y que incluso los villanos más terribles son capaces de un acto de bondad. Nadie está libre de pecado así que nadie puede tirar la primera piedra.

El asunto es, como decía Lutero, quién le pone los cascabeles al otro. Como todos tenemos nuestros pecados y bajezas, nadie debe sentirse en posición de juzgar a sus semejantes. A fin de cuentas, ese fue el terrible error de los fariseos. Así fue que las piedras comenzaron a amontonarse a nuestro alrededor y hoy estamos sobrepasados. Ante la ambigüedad moral de nuestro mundo y por miedo a ofender a otros, nos abstenemos. Hablar del pecado se ha vuelto en nuestras iglesias una costumbre de mal gusto, asociada con la hipocresía y el fariseísmo. Se habla cada vez menos acerca de vivir en santidad porque, a fin de cuentas, ¿qué significa realmente eso de ser santos? Preferimos confiar a ciegas en la gracia de Dios antes que exponernos a una disciplina que consideramos legalista. La profecía está en vías de extinción porque hace falta mucha valentía para denunciar el pecado como hacían los profetas de antaño; preferimos esas seudoprofecías que no son más que augurios de buenos deseos y llamamos rencorosos y religiosos a los que nos dicen palabras de condenación. No vamos a permitir que nuestras iglesias se vacíen así que abrimos las puertas del rebaño aunque eso signifique dejar de lado nuestra obediencia para concentrarnos únicamente en la misericordia. Nos parecemos a esa irónica descripción que hizo Leopoldo Marechal en su fantástica novela *Adán Buenosayres*: «'No profundizar', he ahí nuestro lema: basta con que el olor de la verdad metafísica nos emborrache gratamente»[107].

Vivimos en la era de la tolerancia, en la que el pecado imperdonable es la permanencia. Por siglos el mundo se quejó de que la iglesia estaba encerrada en su santidad; hoy la tendencia apunta al otro extremo. En el esfuerzo por alejarnos del rótulo de fariseos, hemos entrado en la era del fariseísmo invertido: toleramos todo menos el recuerdo de que somos pecadores.

La explosión de los movimientos neopentecostales de los últimos cincuenta años se canalizó a través de masivos esfuerzos evangelísticos. En carpas, salones y galpones los predicadores vociferaban un mensaje muy sencillo: Cristo salva, sana, libera y bendice. El centro de la invitación no era el discipulado sino los beneficios. Pero como señala Vincenzo Paglia, «cuando se insiste demasiado en Dios como respuesta a las expectativas del hombre, se corre el riesgo de reducirlo a una simple proyección subjetiva de las necesidades humanas»[108]. Cuando se disolvió el entusiasmo de esas campañas multitudinarias, muchas veces sobrevivió únicamente un triste corolario: la sensación de que Dios se va a amoldar a todas nuestras necesidades. Este sentimiento sigue pesando sobre nosotros y por eso nos resulta tan difícil hablar del pecado. Para escaparnos del estigma de los fariseos, preferimos no opinar.

Todos hemos atravesado situaciones que nos hacen reconocer algunos pecados más que otros. Si alguien se aprovechó de nuestra ingenuidad, vamos a estar particularmente atentos a los aprovechadores; si la hipocresía de otros nos hirió de cerca, vamos a ser intolerantes con las actitudes hipócritas. Uno siente con más urgencia el peligro de la fornicación; otro, el de la falta de empatía. Algunos se enojan más con la murmuración; otros, con los sistemas de opresión. Para algunos, el pecado más terrible de Occidente es el aborto; para otros, es el consumismo. Lo cierto es que, de una forma u otra, las Escrituras señalan que todos estos caminos nos alejan de Dios y nos vuelven insensibles a su obra en nosotros. Más que un escudo para descartar las preocupaciones de los demás, todas estas sensibilidades

---

107. MARECHAL 1970, p. 604.
108. PAGLIA 1998, Op. Cit., p. 140-141.

subjetivas deberían ser una advertencia. Construir una ética que estigmatice los pecados que odiamos y justifique los que preferimos es el acto definitivo del hedonismo.

Para reparar los males que el espíritu de condenación de la iglesia causó en el mundo, muchos quieren convertir a la fe cristiana en un mero eco de las voces que nos rodean, sin identidad ni propuestas concretas. Hemos aprendido que la gracia sobreabunda así que no nos preocupamos por la abundancia del pecado. Es preferible una conciencia un poco dormida antes que el más mínimo desliz de fariseísmo. Pero cuando el mensaje de Jesús «es compatible con cualquier cosa y utilizable por cualquiera, el cristianismo no dice ni es ya nada propio. Es insignificante»[109]. Estamos en el borde de lo que Bonhoeffer denominó *gracia barata*.

Cada cultura se identifica con ciertos elementos del Evangelio pero se siente incómoda con otros. Los cristianos de hace cien años estaban muy a gusto cuando decían que Dios es un Dios de orden, pero no tanto cuando tenían que lidiar con la diversidad de la iglesia. Hoy empatizamos con el mensaje de amor que predicó Jesús pero nos incomoda que la Biblia describa ese amor como obediencia y sumisión. Harvie Conn sugirió que cuando permitimos que las presiones del contexto acallen algunos elementos de la revelación, estamos cerca de deslizarnos hacia el sincretismo. Al despedirse de los ancianos de la ciudad de Éfeso, el apóstol Pablo se iba con la conciencia tranquila: «Si alguien sufre la muerte eterna, no será mi culpa, porque no me eché para atrás a la hora de declarar *todo* lo que Dios quiere que ustedes sepan» (Hch. 20:26,27; la cursiva es mía). Pablo también aconsejó a los corintios que no fueran más allá de lo que está escrito (1 Co. 4:6). El Evangelio es poderoso cuando abarca la totalidad de la vida y por eso creo que es un acto de valentía aceptar sus afirmaciones, incluso cuando suenan retrógradas o incómodas a los oídos de nuestra época.

Jesús dijo que el camino que lleva a la vida es angosto y si la iglesia quiere seguir su ejemplo, debe dejar de intentar ser un puente por el que todos puedan pasar sin mucho esfuerzo. John Stott escribió lo siguiente:

> Debemos ser dogmáticos en cuanto a lo que ha sido revelado claramente y agnósticos en cuanto a lo demás. Lo difícil es mantener esta combinación cristiana de dogmatismo y agnosticismo. Nuestros problemas comienzan cuando permitimos que nuestro dogmatismo invada la esfera de las «cosas secretas» o que nuestro agnosticismo oscurezca las «reveladas». Necesitamos el don de la verdadera discriminación[110].

---

109. DE CERTEAU y DOMENACH 1976, p. 17.
110. STOTT 1975, Op. Cit., p. 15.

La iglesia no dicta las reglas porque ella no es el camino: es únicamente el cartel que muestra la dirección del Camino. Si seguimos buscando maneras de ampliar nuestros carriles tanto como sea posible, nuestra misión e identidad se van a seguir desfigurando: cuando la vida nueva que ofrece la gracia no se convierte en un sendero de obediencia, se quiebra el verdadero poder de la iglesia. Aunque afirmar estas verdades sea políticamente incorrecto en nuestro mundo tolerante e inclusivo, no podemos dejar de repetir que la iglesia no existe para satisfacer los deseos de la humanidad sino para seguir a Jesús.

En esta era de subjetividades y diversidad, necesitamos recordar como nunca antes qué significa la redención para poder animarnos a decir qué significa pecar. Si no tenemos claro qué es la reconciliación que Dios hizo a través de Jesús, no vamos a poder reconocer todo lo que desentona con esa reconciliación. Tenemos que ser, siguiendo el consejo de Stott, suficientemente progresistas como para no abrazar lo que debe ser rechazado y suficientemente conservadores como para no soltar aquellas cosas que deben permanecer. «La iglesia es de Cristo –dice Edmund Clowney–. No podemos excluir a aquellos a quienes él recibe, ni recibir a aquellos a quienes él excluye»[111].

Jesús es un Mesías que libera pero lo hace de una manera paradójica: invitándonos a ser sus servidores. El Evangelio es la perla que lo cuesta todo, ese tesoro tan valioso que justifica vender todas las posesiones. Nuestra libertad no debe ser usada «como pretexto para hacer lo malo, sino para servir a Dios» (1 P. 2:16; RVC). Cristo no nos hace libres para que vaguemos como estrellas fugaces por el universo de nuestros deseos, sino para encontrar la libertad en la obediencia. Ante pescadores, prostitutas y maestros de la Ley, la invitación de Jesús fue siempre la misma:

> Si amas a tu padre o a tu madre más que a mí, no eres digno de ser mío; si amas a tu hijo o a tu hija más que a mí, no eres digno de ser mío. Si te niegas a tomar tu cruz y a seguirme, no eres digno de ser mío. Si te aferras a tu vida, la perderás; pero, si entregas tu vida por mí, la salvarás (Mt. 10:37-39).

El consejo de Pablo a Timoteo no pierde relevancia en nuestros días: «Te ordeno solemnemente, en presencia de Dios y de Cristo Jesús y de los ángeles altísimos, que obedezcas estas instrucciones sin tomar partido ni mostrar favoritismo por nadie» (1 Tm. 5:21). Aunque es cierto que el paso del tiempo actualiza los sentidos de nuestras acciones y contextos, si queremos quedarnos con ese Dios del que habla la Biblia, no podemos simplemente descartar aquello que nos incomoda del Evangelio. No importa

---

111. Citado en KELLER 2012, Op. Cit.

si estamos hablando de gula, envidia, codicia, homosexualidad, ambición, acepción de personas, malos tratos, hipocresía o mentira; no importa si hablamos sobre un desconocido, sobre alguien cercano o sobre nosotros mismos. Toda la Biblia repite al unísono que Dios «no muestra parcialidad» (Dt. 10:17), «no tolera que se tuerza la justicia» (2 Cr. 19:7) y «no tiene favoritos» (Col. 3:25, Ef. 6:9, Ga. 2:6, 1 P. 1:17).

Me gusta la historia de la mujer de Juan 8 porque integra perfectamente la gracia con el discipulado. Antes de cualquier requisito, Jesús le da el abrazo que todo pecador necesita. Ni ella ni nosotros merecemos esa gracia pero el Señor anula la condenación y nos recibe en su Reino. Solo después de haberla abrazado, Jesús la invita a dar el paso siguiente: «Vete y no peques más».

José Grau reconoció que en los debates teológicos de nuestros tiempos hay una tendencia a disociar el amor de la verdad. Es la era de las *fake news* y la posverdad, donde «todo lo que necesitas es amor», y pareciera que buscar la verdad es un camino hacia la intolerancia y que amor significa aceptar todo sin prejuicios. La vieja guardia defiende sin tregua la sana doctrina; la sangre joven reclama más amor y menos estructuras. Esta tensión es problemática porque polariza nuestro diálogo. Las Escrituras dicen que tanto el amor como la verdad son atributos de Dios (Jn. 14:6 y 1 Jn. 4:8). «Hemos de amar en la verdad, –dice Grau– no por encima de ella o a pesar de ella. De lo contrario, nuestro pretendido amor se convierte en colaboración con las 'malas obras'»[112]. El prólogo del evangelio de Juan reconoce que Dios funde de una manera extraña la gracia y la verdad. El escritor de Proverbios también señaló que «con misericordia y verdad se corrige el pecado» (16:6; RVR1960).

La verdad sin amor se parece mucho al fariseísmo; el amor sin verdad es una forma de autoidolatría. San Agustín dijo que, de hecho, solo se puede conocer la verdad a través de la vía del amor. Jesús primero reconcilia y luego santifica. Empezar diciendo «no peques más» sin reconciliación conduce a una fe legalista, temerosa y culpable. Decir «tus pecados son perdonados» sin compromiso es anular el poder del Evangelio. La ética de Cristo empieza en un abrazo pero se descubre en el seguimiento.

> *¿Quién es más criminal que aquel que se duele del juicio divino?*
>
> *Dante Alighieri*

---

112. GRAU 1973, p. 79.

EL ÚLTIMO REFUGIO DE LA FE
Testimonio cristiano en la era de la relatividad

> *Tendremos, sobre todo, como regla infalible, que lo revelado por Dios es incomparablemente más cierto que todo lo demás, con el fin de que, si algún destello de razón pareciese sugerirnos alguna idea contraria, estemos prestos siempre a someter nuestros juicios a cuanto venga de él.*
> **Descartes**

Hace un poco menos de dos mil años, el mundo se empezó a prender fuego. De boca en boca corría un secreto, una buena noticia que alegraba a esclavos y ricos, mujeres y hombres por igual. Era un anuncio básico y rudimentario al que hoy los estudiosos llaman *Kerigma* y decía que, en la persona de Jesús, Dios mismo había caminado entre nosotros. El profeta de Nazaret era el Mesías tan esperado por Israel y, para sorpresa de todos, había muerto y resucitado por nosotros y nos había dejado al Espíritu Santo como un sello de su presencia. El anuncio de los primeros cristianos era frágil, palidecía en comparación con los ejércitos de Augusto que recorrían con brutalidad las calles del Imperio Romano. El Kerigma tampoco tenía los altos vuelos intelectuales y especulativos del neoplatonismo ni era respetado como la filosofía estoica. La iglesia nació celebrando una esperanza que había sido fijada a un trozo de madera con tres clavos.

Los evangelios sinópticos señalan que el ministerio de Jesús comenzó con un sencillo mensaje. Mateo señala que «comenzó a predicar: 'Arrepiéntanse de sus pecados y vuelvan a Dios, porque el reino del cielo está cerca'»; las primeras palabras de Jesús en Marcos son: «¡Por fin ha llegado el tiempo prometido por Dios! ¡El reino de Dios está cerca!» (1:15); y en Lucas el concepto es el mismo: «Debo predicar la Buena Noticia del reino de Dios también en otras ciudades, porque para eso fui enviado» (4:43).

El Nuevo Testamento insiste en conectar el mensaje de Jesús con las palabras «Reino de Dios» (en griego: *basileia tou theou*), un término que sería mejor traducido como «el imperio de Dios» ya que en la época de Cristo solo se usaba para hablar del Imperio Romano. La fantástica noticia de que el Reino de Dios estaba cerca no solo significaba un avivamiento espiritual, sino también que la hegemonía política, económica y cultural del César comenzaba a tambalear. En un par de siglos, el sencillo Kerigma de la iglesia primitiva dio la vuelta al mundo como una buena noticia que cambiaba la vida de todos, especialmente la de los olvidados y oprimidos.

Si todavía estás conmigo después de todas estas páginas, querido lector, querida lectora, quizá te estés preguntando cómo se desata este nudo. ¿Cómo podemos hacer hoy, en el fin de la historia, para recuperar esa frescura de la iglesia primitiva? ¿Hay soluciones a este caos o debemos simplemente resignarnos al mundo que nos toca?

Nuestro recorrido por algunas ideas y búsquedas de la posmodernidad nos ha hecho tomar conciencia de que el proceso a través del cual Dios se manifiesta entre nosotros es complejo y a veces abrumador. Quisiéramos que las verdades del Evangelio se encarnen de manera directa y sin escalas pero la luz divina resplandece a menudo en nuestras penumbras a través de un sendero lento e impreciso. Es como si miráramos a Dios, como dijo Pablo, reflejado en una lámina de metal. Al menos en mi experiencia, la verdad de Dios casi nunca se manifiesta con el arrollador poder de una revelación totalmente evidente; casi siempre su voz tiene la apariencia de un susurro frágil, de una visita misteriosa y tímida, de un invisible trabajo que se fragua en la conciencia.

En el medioevo, los cristianos tenían que preocuparse por las guerras santas y la peste pero al menos no tenían grandes inconvenientes en aceptar las verdades elementales de la fe. Durante la Ilustración, la iglesia tuvo que soportar las burlas de los humanistas pero a pesar de eso podía encontrar un refugio en los argumentos racionales y escribir apologías para responder con altura a los detractores. De una u otra forma, nuestros antecesores pudieron agarrarse a algunas verdades fundamentales y así evitar el naufragio de su fe. Pero la posmodernidad insiste en que la verdad es algo flexible que se acomoda a nuestro punto de vista y eso pone en jaque el centro neurálgico de la fe de nuestros antepasados. «Si estamos unidos por el vínculo de la verdad, cuando yo no tengo la misma verdad que tiene el otro, nos tenemos que separar»[113], reconoce Carlos Mraida. Los discípulos de Jesús ya no sabemos cómo ser iglesia. Nos abruma la fragmentación de nuestra sociedad de subjetividades que coexisten y religiosidades que ya no intentan abarcarlo todo sino tan solo sobrevivir. Unamuno dijo que por mucho tiempo la iglesia intentó «mecanizar o racionalizar a Dios, pero Dios se les rebelaba»[114]; esos

---

113. Citado en SIK HONG 2001, Op. Cit., p. 89.
114. UNAMUNO 1964, Op. Cit., p. 131.

tiempos ya terminaron y por momentos nos gustaría que fuera más fácil distinguir la presencia de Dios en la maraña de discursos en la que vivimos.

¿Cómo hacemos para seguir siendo discípulos de Jesús en estos tiempos de crisis? ¿Es posible elevarse por encima de la angustia y el relativismo tras haber despertado a la subjetividad? ¿Cómo podemos escapar de las voces de los profetas de la nada que repiten que todo es una ilusión? ¿Puedo volver a confiar en mis hermanos en esta era de sospecha e incredulidad, donde todos tienen motivaciones ocultas y pareciera que la respuesta más coherente es la paranoia? ¿Vale la pena bucear en el pasado de los primeros cristianos, los Padres de la iglesia, los reformadores o los místicos o debemos resignarnos a que somos mayores de edad y ya no vivimos en esos tiempos sencillos? ¿Es posible un cristianismo que siga creyendo en los milagros y que incluso los realice en plena era de la inteligencia artificial? ¿Vamos a seguir mirando a la Biblia como un libro lleno de vida y esperanza, con poder para desarmar nuestros mecanismos de defensa, o nos vamos a limitar a seguir usándola mecánicamente como un manual de instrucciones o quizá como un valioso libro solo en el plano literario, histórico o simbólico? ¿Tenemos que seguir intentando llenar el mundo con el Evangelio o debemos desistir de la tarea y confiar en que todos los caminos humanos son formas más o menos válidas de búsqueda de trascendencia y que debemos aceptar la derrota que significa para nuestra misión el espíritu de tolerancia de nuestras sociedades?

Estas son las preguntas latentes a lo largo de todo este libro y son el tipo de interrogantes que nadie puede responder en mi lugar. El misterio de la espiritualidad excede nuestro arsenal de respuestas. El libro de Apocalipsis afirma que vamos a tener que esperar hasta el final de los tiempos hasta que «llegue el momento de que el séptimo ángel comience a tocar la trompeta» y recién entonces «se cumplirá el misterio de Dios» (10:7; RVC). Hasta ese momento, no tenemos más opción que seguir haciéndonos preguntas. Que me perdonen los autores de los *bestsellers* que han llenado los estantes de las librerías cristianas estos últimos treinta años pero la fe es cualquier cosa menos una receta fácil de cinco pasos. Henri de Lubac escribió que «el triunfo del espíritu, como el de la vida humilde, es el triunfo de lo improbable. Es normal que un triunfo tal sea raro y precario»[115]. Aunque nos cueste convivir con el misterio del Espíritu, quizá esa debilidad sea también la mejor manera de mantenernos humildes y predispuestos a la misericordia.

La única verdad que sigue siendo relevante para los oídos de nuestros contemporáneos es la del testimonio. Los grandes relatos agonizan pero las pequeñas historias brillan como nunca; verdad es lo que me pasa –dicen algunos–, y todo lo demás es cuestionable. Es cierto que a nuestro

---

115. DE LUBAC 1989, Op. Cit., p. 104.

mundo le importan poco el dogma cristiano, la teología sistemática o las fórmulas del Credo, pero también es cierto que nadie puede quitarnos el valor de la experiencia. Juan 9 relata la sanidad de un ciego de nacimiento. Las autoridades religiosas no estaban dispuestas a aceptar el milagro y por eso empezaron a hacer preguntas difíciles: cómo debían juzgar una sanidad hecha en sábado, cuál era la filiación espiritual de Jesús, a quién glorificaba el milagro. El ciego no contaba con una gran elocuencia y no supo responder a los complejos interrogantes de los fariseos; se limitó simplemente a contestar: «Lo único que sé es que yo era ciego y ahora veo» (vs. 25; NVI). En tiempos de incertidumbre, el testimonio de la obra inexplicable y milagrosa de Dios en nuestras vidas es una llave que puede abrir la cerradura inexpugnable de la desconfianza.

Pablo dijo que somos cartas abiertas y probablemente la única teología que lean nuestros semejantes sea esa que encarnamos en palabras y hechos, en silencios y gestos, en actitudes y opiniones. Cada vida es una teología, cada persona es un teólogo. Cuando ponemos el acento en algún aspecto o lo ignoramos por completo, cuando permitimos algunos comportamientos o prohibimos otros estamos personificando nuestras ideas sobre Dios. Las cosas que hacemos y decimos son la apología definitiva de nuestra fe, la única que sigue siendo relevante en los tiempos que corren.

En el año 1912, Chesterton publicó la novela *Un hombre vivo*, la historia de un hombre cansado de su vida que decidió irse a recorrer el mundo para encontrarse a sí mismo; subyace en su obra la idea de que «hay dos medios para llegar a casa: uno es permanecer en ella; el otro es dar la vuelta al mundo hasta volver al lugar de donde salimos»[116]. Después de haber andado mucho tiempo, el giro llevó eventualmente a Innocent Smith de vuelta a su hogar, donde se encontró con la misma esposa y los mismos hijos que había dejado tiempo atrás. Su entorno no había cambiado pero la vuelta al mundo lo había cambiado a él; había vuelto a descubrir la inocencia y pudo volver a ver, como si fuera la primera vez, la belleza que siempre había estado a su lado pero ya no podía apreciar. Al final de la novela, Innocent Smith confiesa: «Me he convertido en un peregrino para curarme de ser un exiliado»[117].

Perdemos el primer amor porque perdemos la inocencia. Nuestros ojos se acostumbran tanto a la luz que perdemos de vista lo terribles que son las tinieblas. Jesús dijo que el que no se convierte en niño no puede entrar en el Reino de Dios, y vivir con el alma abierta al Evangelio no es algo fácil porque rompe constantemente nuestra comodidad y equilibrio. Quizá nuestro camino se parece al de Innocent Smith y las respuestas que tanto

---

116. CHESTERTON 1942, p. 7.
117. CHESTERTON 2006, p. 163.

anhelamos se encuentran en esa casa que dejamos hace tiempo para salir a conocer el mundo.

Creo que el último refugio de la fe es el temor de Dios: de su presencia, de su voz y sus palabras, de la compañía de su Espíritu y de estar viviendo como si nada de eso importara. Quizá hizo falta que llegáramos al final del conocimiento para que volviéramos a descubrir el principio de la sabiduría, que es el temor del Señor.

C. S. Lewis describía el temor de Dios como «una disposición a preferir a Dios más bien que a los fines inferiores, aunque éstos en sí mismos puedan ser lícitos»[118]. Ningún parámetro externo puede medir el temor de Dios; solo nos queda la voz del Espíritu, en el fondo de la conciencia, que revela nuestras intenciones más ocultas. Tener temor de Dios es desconfiar de los espejismos que nos encanta perseguir; es amar con paciencia justo cuando podemos responder a nuestro hermano con soberbia y con un montón de versículos de las Escrituras; es seguir atentos a las palabras de Dios cuando la teología se queda sin argumentos; es dar prioridad a la revelación en el medio del absurdo y la tentación, en la ausencia de sentidos y la duda. «Evangelio» significa *buenas noticias* y creo que para que siga siendo significativo para nosotros hoy tiene que volver a ser valioso como algo bueno y urgente como una noticia. Si no podemos sentir en el pecho la novedad y la relevancia del mensaje de Jesús, ningún argumento y ninguna institución van a salvarnos de la decadencia.

En Romanos 12 y en Segunda Corintios 3, Pablo describe el poder del Evangelio con la palabra griega *metamorfosis*. Es una transformación profunda como la que convierte a un gusano en una mariposa. Es como un nuevo nacimiento, dijo Jesús, una revolución que nace adentro pero se extiende hacia afuera. Cuando Pedro se quedó sin palabras –y eso no pasaba muy a menudo–, su breve confesión fue más significativa que un discurso elocuente: «Señor, ¿a quién iremos? Tú tienes palabras de vida eterna» (Jn. 6:68; RVC).

La declaración de Pedro es terrible y quizá sea la única que nos queda en el fin de la historia. Significa que ningún otro proyecto humano puede salvarnos: ni la religiosidad, ni el dinero, ni la democracia, ni los militares, ni la Unión Europea, ni la Patria Grande latinoamericana, ni las tradiciones, ni los ideales de los movimientos sociales, ni las religiones orientales, ni el feminismo, ni la lucha por los Derechos Humanos, ni la tecnología, ni la ciencia, ni el individualismo, ni el espíritu comunitario. En el fin de todos los relatos y las utopías, finalmente estamos desnudos ante Dios y podemos reconocer, como Pedro, que Cristo es la única esperanza.

---

118. LEWIS 1977b, Op. Cit., p. 112.

Me aterra confesar todo esto porque significa que ya no tengo el control y que necesito depender constantemente de mi Maestro con una actitud humilde y predispuesta. En el instante en el que vuelvo a mis rutinas, inclusive si son muy religiosas, me lleno nuevamente de temores. Solo cuando vivo mi fe con urgencia, el Evangelio se vuelve una buena noticia y estoy abierto a que el Espíritu se lleve mis miedos.

Y el fin de toda nuestra exploración
será llegar al punto de partida
y conocer el lugar por primera vez.

T. S. Eliot

Bibliografía

ADORNO, THEODOR y HORKHEIMER, MAX
  1987: *Dialéctica del iluminismo*, Sudamericana, Buenos Aires.

ALONSO, ALEJANDRA
  2000: «G. K. Chesterton y la paradoja»: *Gramma*, Año I, n° 2, diciembre de 2000, Facultad de Historia y Letras, Universidad del Salvador.

AMOSSY, RUTH y HERSCHBERG PIERROT, ANNE
  2005: *Estereotipos y clichés*, Eudeba, Buenos Aires.

ANGENOT, MARC
  1998: *Interdiscursividades. De hegemonías y disidencias*, Ed. Universidad Nacional de Córdoba, Córdoba.

ARFUCH, LEONOR (compiladora)
  2005: *Identidades, sujetos y subjetividades*, Prometeo, Buenos Aires.

AURELIUS AUGUSTINUS
  1940: *La ciudad de Dios*, Club de Lectores, Buenos Aires.
  2003: *Confesiones*, Editorial Ciudad Nueva, Madrid.

AUSTIN, JOHN
  1982: *Cómo hacer cosas con palabras*, Paidós, Barcelona.

BAKKE, RAYMOND
  2002: *Misión integral en la ciudad*, Ediciones Kairós, Florida.

BAJTÍN, MIJAÍL
  1998: *Estética de la creación verbal*, Ed. Siglo XXI, México.
  2000: *Yo también soy (fragmentos sobre el otro)*, Taurus, México.

BAJTÍN, MIJAÍL y MEDVEDEV, PAVEL
  1989: «La evaluación social, su papel, el enunciado concreto y la construcción poética»: *Criterios*, 9-18, La Habana.

BAREI, SILVIA

2008: «El otro en clave retórica»: *Pensar la cultura III. Retóricas de la alteridad*, Silvia Barei y Ana Inés Leunda, Grupo de Estudios de Retórica, Córdoba.

BARTHES, ROLAND

1986: *El placer del texto y Lección inaugural de la cátedra de Semiología literaria del Collège de France*, Siglo XXI Editores, México.

BATESON, GREGORY; BIRDWHISTELL, RAY; GOFFMAN, ERVING et. al.

1987: *La nueva comunicación*, Editorial Kairós, Barcelona.

BAUMAN, ZYGMUNT

2009: *Amor líquido. Acerca de la fragilidad de los vínculos humanos*, Fondo de Cultura Económica, Buenos Aires.

BENJAMIN, WALTER

1987: *Discursos Interrumpidos* I, Taurus, Madrid.

BENVENISTE, ÉMILE

1997: *Problemas de lingüística general*, Siglo XXI Editores S.A. de C. V., México.

BERCOT, DAVID

2006: *Cuando el cristianismo era nuevo*, El cristianismo primitivo, edición digital.

BERMAN, MARSHALL

1988: *Todo lo sólido se desvanece en el aire. La experiencia de la modernidad*, Siglo XXI de España Editores, Madrid.

BLOOM, HAROLD

2005: *Genios: un mosaico de cien mentes creativas y ejemplares*, Grupo Editorial Norma, Bogotá.

BOFF, LEONARDO

2004: *Novas fronteiras da igreja. O futuro de um povo a camino*, Verus Editora, Campinas.

BONHOEFFER, DIETRICH

1968a: *El precio de la gracia*, Ediciones Sígueme, Salamanca.

1968b: *Ética*, Colección Theologia-13, Editorial Estela, Barcelona.

1991: *Vita comune. Il libro di preghiera della Bibbia*, Editrice Queriniana, Brescia.

1992: *Creazione e caduta*, Editrice Queriniana, Brescia.

BORGES, JORGE LUIS

2011a: *Ficciones; El Aleph*, Sudamericana, Buenos Aires.

2011b: *Otras inquisiciones*, Sudamericana, Buenos Aires.

BOURDIEU, PIERRE

1988: *La distinción*, Taurus, Madrid.

2001: *Qué significa hablar*, Ediciones Akal, Madrid.

BOURDIEU, PIERRE; CHAMBOREDON, JEAN-CLAUDE y PASSERON, JEAN-CLAUDE

2008: *El oficio de sociólogo. Presupuestos epistemológicos*, Siglo XXI Editores Argentina, Buenos Aires.

BOURDIEU, PIERRE y WACQUANT, LOÏC

1992: *Respuestas. Por una antropología reflexiva*, Grijalbo, México.

BRUEGGEMANN, WALTER

1986: *La imaginación profética*, Editorial Sal Terrae, Santander.

CALVINO, ÍTALO

1983: *Punto y aparte. Ensayos sobre literatura y sociedad*, Bruguera, Barcelona.

CASTORIADIS, CORNELIUS

1997: *El avance de la insignificancia*, Ed. Eudeba, Buenos Aires.

CHALMERS, ALAN

1984: *¿Qué es esa cosa llamada ciencia?*, Siglo XXI, Madrid.

CHARPENTIER, ETIENNE

1987: *Para leer la Biblia*, Colección *Cuadernos Bíblicos*, Verbo Divino, Estella.

CHESTERTON, GILBERT KEITH

1942: *El hombre eterno*, Editorial Poblet, Buenos Aires.

1943: *Ortodoxia*, Editorial Excelsa, Buenos Aires.

2006: *Un hombre vivo*, El Río, Buenos Aires.

COLÓN, CRISTÓBAL

1892: *Relaciones y cartas de Cristóbal Colón*, Viuda de Hernando, Madrid.

CORTÁZAR, JULIO

1994: *Obra crítica/1*, Santillana, Madrid.

COSTADOAT, JORGE

2005: «La hermenéutica en las teologías contextuales de la liberación»: *Teología y vida*, Vol. 46, N° 1-2, p. 56-74. ISSN 0049-3449.

COX, HARVEY
    1968: *La ciudad secular*, Península, Barcelona.

DE CERTEAU, MICHEL y DOMENACH, JEAN-MARIE
    1976: *El estallido del cristianismo*, Editorial Sudamericana, Buenos Aires.

DE MICHELIS, MARIO
    1979: *Las vanguardias artísticas del siglo XX*, Alianza Editorial, Madrid.

DE LUBAC, HENRI
    1978a: *Il mistero del soprannaturale*, Jaca Book, Milano.
    1978b: *Mistica e mistero cristiano*, Jaca Book, Milano.
    1979: *Paradosso e mistero de la Chiesa*, Jaca Book, Milano.
    1989: *Paradossi e nuovi paradossi*, Jaca Book, Milano.

DESCARTES, RENÉ
    1977: *Meditaciones metafísicas con objeciones y respuestas*, Alfaguara, Madrid.

DULLES, AVERY
    1975: *Modelos de la iglesia. Estudio crítico sobre la iglesia en todos sus aspectos*, Editorial Sal Terrae, Santander.

EAGLETON, TERRY
    1997: *Ideología. Una introducción*, Paidós, Buenos Aires.

ECO, UMBERTO
    1965: *Apocalípticos e integrados*, Lumen, Barcelona.
    1992a: *Obra abierta*, Editorial Planeta Argentina, Buenos Aires.
    1992b: *Los límites de la interpretación*, Lumen, Barcelona.
    1999: *Lector in fabula*, Lumen, Barcelona.

ECO, UMBERTO y MARTINI, CARLO MARÍA
    2012: *¿En qué creen los que no creen? Un diálogo sobre la ética en el fin del mundo*, Arte Gráfico Editorial Argentino, Buenos Aires.

ELIAS, NORBERT
    1982: *Sociología fundamental*, Editorial Gedisa, Barcelona.

ELIOT, THOMAS STEARNS
    1942: *La idea de una sociedad cristiana*, Editora Espasa-Calpe Argentina S.A., Buenos Aires.

FEE, GORDON y STUART, DOUGLAS
    2007: *Lectura eficaz de la Biblia*, Editorial Vida, Miami.

FEINMANN, JOSÉ PABLO
  1986: *Filosofía y Nación*, Legasa, Buenos Aires.
  2008: *¿Qué es la filosofía?*, Prometeo libros, Buenos Aires.
FERRARI, MARTA
  2010: *Vivir con las palabras (Poesía y pensamiento de Carlos Marzal)*, EUDEM, Mar del Plata.
FOUCAULT, MICHEL
  1996: *Historia de la sexualidad*, Siglo XXI Editores, México.
  1999: *El orden del discurso*, Tusquets Editores S.A., Barcelona.
  2002: *Vigilar y castigar*, Siglo XXI Editores Argentina, Buenos Aires.
  2006: *Discurso, poder y subjetividad*, Ediciones El cielo por asalto, Buenos Aires.
FRANKL, VIKTOR
  1979: *El hombre en busca de sentido*, Editorial Herder, Barcelona.
FUKUYAMA, FRANCIS
  1992: *El fin de la historia y el último hombre*, Editorial Planeta, Barcelona.
GALEANO, EDUARDO
  2004: *Las venas abiertas de América Latina*, Siglo XXI Editores, México.
GEBARA, IVONE
  2000: *Intuiciones ecofeministas: La cuestión epistemológica*, Trotta, Madrid.
GENETTE, GERARD
  1979: *Introduction à l'architexte*, Ed. Seuil, Paris.
GITT, WERNER
  2004: *Entonces, ¿las demás religiones qué?*, Christliche Literatur-Verbreitung, Bielefeld.
GOETHE, WOLFGANG
  1979: *Conversaciones de los emigrados alemanes*, Editorial y Librería Goncourt, Buenos Aires.
  2004: *Fausto*, Gradifco, Buenos Aires.
GOFFMAN, ERVIN
  2002: *Il comportamento in pubblico. L'interazione sociale nei luoghi di riunione*, Edizioni di comunità, Milano.
GOMBRICH, ERNST
  2006: The Story of art, Phaidon Press Limited, New York.

GONZÁLEZ, JUSTO
> 1995: *E até os confins da terra: Uma história ilustrada do cristianismo*, Ed. Vida Nova, São Paulo.
>
> 2010: *Historia del pensamiento cristiano*, CLIE, Barcelona.

GONZÁLEZ RUIZ, JOSÉ
> 1970: *Dios es gratuito pero no superfluo*, Ediciones Marova, Madrid.

GONZÁLEZ RUIZ, JOSÉ et. al.
> 1972: *La iglesia que Jesús no quiso*, Ediciones Paulinas, Madrid.

GOTAY SILVA, SAMUEL
> 1989: *El pensamiento cristiano revolucionario en América Latina y el Caribe. Implicaciones de la teología de la liberación para la sociología de la religión*, Huracán, Puerto Rico.

GRAMSCI, ANTONIO
> 1975: *Cartas desde la cárcel*, Cuadernos para el diálogo, Madrid.

GRAU, JOSÉ
> 1973: *El amor y la verdad (el mensaje de la segunda carta de Juan)*, Ediciones Evangélicas Europeas, Barcelona.

GRAU, JOSÉ y MARTÍNEZ, JOSÉ MARÍA
> 1973: *Iglesia, sociedad y ética cristiana*, Ediciones Evangélicas Europeas, Barcelona.

GRELOT, PIERRE
> 1987: *Los evangelios y la historia*, Editorial Herder, Barcelona.

GUADA, CLAUDIO
> 2008: «Historia de la Etiqueta: Versalles y el Rey Sol»: *Las buenas maneras y el protocolo* (web). Consultado el 5 de agosto de 2017. Link: http://bit.ly/2vGzMb7

HAVERKATE, HENK; MULDER, GLJS y FRAILE MALDONADO, CAROLINA (Ed.)
> 1998: *La pragmática lingüística del español: Recientes desarrollos*, Diálogos hispánicos, 22. Rodopi, Ámsterdam.

HAZARD, PAUL
> 1988: *La crisis de la conciencia europea (1680-1715)*, Alianza, Madrid.

HOCHHUTH, ROLF
> 1967: *El vicario*, Editorial Grijalbo, México, 1967.

JACKENDOFF, RAY
   1998: *Linguaggio e natura umana*, Il Mulino, Bologna.
JEREMIAS, JOACHIM
   1974: *La promesa de Jesús para los paganos*, Ediciones Fax, Madrid.
KELLER, TIMOTHY
   2012: *Iglesia centrada. Cómo ejercer un ministerio equilibrado y centrado en el evangelio en su ciudad*, Zondervan, Miami.
KIERKEGAARD, SÖREN
   2004: *Temor y temblor*, Editorial La Página S.A., Editorial Losada S.A., Buenos Aires.
   2005: *De la tragedia*, Editorial Quadrata, Buenos Aires.
KIMBALL, DAN
   2009: *La iglesia emergente*, Editorial Vida, Miami.
KUHN, THOMAS
   1971: *La estructura de las revoluciones científicas*, Fondo de Cultura Económica, México.
KUSCH, RODOLFO
   1999: *América profunda*, Editorial Biblos, Buenos Aires.
LAPLANCHE, JEAN y PONTALIS, JEAN-BERTRAND
   1996: *Diccionario de Psicoanálisis*, Paidós, Barcelona.
LEEMAN, JONATHAN
   2013: *La membresía de la iglesia. Cómo sabe el mundo quién representa a Jesús*, 9Marks, Washington.
LÉVINAS, EMMANUEL
   1991: *Ética e infinito*, Visor Libros, Madrid.
LEWIS, CLIVE STAPLES
   1977a: *Cristianismo y nada más*, Editorial Caribe, Miami.
   1977b: *El problema del dolor*, Editorial Caribe, Miami.
   1993: *Cartas del diablo a su sobrino*, Ediciones Rialp, Madrid.
LINK, DANIEL
   1992: *El juego de los cautos*, La Marca, Buenos Aires.
LIPOVETSKY, GILLES
   2000: *La era del vacío. Ensayos sobre el individualismo contemporáneo*, Editorial Anagrama, Barcelona.

LÓPEZ, EDIBERTO

    2006: «Entre dos orillas: el proceso hermenéutico»: *Revista de Interpretación Bíblica Latinoamericana (RIBLA)*, 53. Consejo Latinoamericano de Iglesias.

LÓPEZ EIRE, ANTONIO

    1998: *Retórica clásica y teoría literaria moderna*, Arco-Libros, Madrid.

LUDMER, JOSEFINA

    1985: *La sartén por el mango*, Editorial del Huracán, Puerto Rico.

LUTERO, MARTÍN

    2001: *Escritos políticos*, Tecnos, Madrid.

LYOTARD, JEAN-FRANÇOIS

    1987: *La condición posmoderna. Informe sobre el saber*, Ediciones Cátedra, Madrid.

MAGNIN, LUCAS

    2010: «La Biblia y sus concepciones de lengua»: *RECIAL. Revista del Ciffyh Área Letras*. Centro de Investigaciones, Facultad de Filosofía y Humanidades, Universidad Nacional de Córdoba. Año I, N° 1, 2010. ISSN 1853-4112.

    2016: *Arte y fe. Un camino de reconciliación*, Ediciones Kairós, Florida.

MAISONNEUVE, JEAN

    2005: *Las conductas rituales*, Editorial Nueva Visión, Buenos Aires.

MANGALWADI, VISHAL

    2011: *El libro que dio forma al mundo: cómo la Biblia creó el alma de la civilización occidental*, Grupo Nelson, Nashville.

MANSON, THOMAS WALTER

    1975: *Cristo en la teología de Pablo y Juan*, Ediciones Cristiandad, Madrid.

MARECHAL, LEOPOLDO

    1970: *Adán Buenosayres*, Editorial Sudamericana, Buenos Aires.

MARTÍ, JOSÉ

    1963: *Obras completas*, Editorial Nacional, La Habana.

MELLERO BELLIDO, ANTONIO (curador)

    1996: *Sofistas. Testimonios y Fragmentos*, Gredos, Madrid.

MIGNOLO, WALTER

    2013: «Geopolítica de la sensibilidad y del conocimiento. Sobre (de) colonialidad, pensamiento fronterizo y desobediencia epistémica»: *Revista de Filosofía*, N° 74, p. 7-23. ISSN 0798-1171.

MIGUEZ BONINO, JOSÉ et. al.

    1977: *Jesús: ni vencido ni monarca celestial (imágenes de Jesucristo en América Latina)*, Tierra Nueva SRL, Buenos Aires.

MOLTMANN, JÜRGEN

    1972: *Sobre la libertad, la alegría y el juego. Los primeros libertos de la creación*, Ediciones Sígueme, Salamanca.

    1978: *La iglesia, fuerza del Espíritu. Hacia una eclesiología mesiánica*, Ediciones Sígueme, Salamanca.

MONTAGNE, GEORGE

    1969: *Teología bíblica de lo secular*, Editorial Sal Terrae, Santander.

MORÍN, EDGAR

    1998: *Introducción al pensamiento complejo*, Gedisa, Barcelona.

MOUFFE, CHANTAL

    1991: «Hegemonía e Ideología en Gramsci». *Antonio Gramsci y la realidad colombiana*. Foro Nacional por Colombia, Santa Fe de Bogotá.

NIETZSCHE, FRIEDRICH

    1996: *El Anticristo*, Alianza Editorial, Madrid.

    2000: *Sobre la utilidad y los perjuicios de la historia para la vida*, Edaf, Madrid.

    2004: *Ecce Homo*, Editorial Losada, Buenos Aires.

    2006: *Así habló Zaratustra*, Alianza Editorial, Madrid.

NOUWEN, HENRI

    2001: *En el nombre de Jesús. Un nuevo modelo de responsable de la comunidad cristiana*, PPC Editorial y Distribuidora S.A., Madrid.

NOVALIS

    2007: *Himnos a la noche. Cantos espirituales. La cristiandad o Europa*, Universidad Nacional de Córdoba, Córdoba.

OCAMPO, VICTORIA et. al.

    2005: *Antología Sur*, Fundación Carolina de Argentina, Buenos Aires.

PACKER, JAMES INNELL

    1985: *Conociendo a Dios*, Oasis, Barcelona.

PADILLA, RENÉ (Ed.)
    2015: *Bases bíblicas de la misión. Perspectivas latinoamericanas*, Ediciones Kairós, Florida.

PAGLIA, VINCENZO
    1998: *Lettera a un amico che non crede. Ragione e fede di fronte al mistero*, RCS Libri S.p.A., Milano.

PAGOLA, JOSÉ ANTONIO
    2013: *Jesús. Aproximación histórica*, PPC Argentina, Buenos Aires.

PASCAL, BLAISE
    2004: *Pensieri*, Edición a cargo de Carlo Carena. Einaudi, Torino.

PETRONIO, GIUSEPPE
    2000: *Historia de la literatura italiana*, Cátedra, Madrid.

PIGLIA, RICARDO
    2000: *Crítica y ficción*, Editorial Planeta Argentina S.A.I.C./Seix Barral, Buenos Aires.

PONS, MARÍA CRISTINA
    1996: *Memorias del olvido. La novela histórica de fines del siglo XX*, Siglo XXI, México.

PROUST, MARCEL
    2006: *En busca del tiempo perdido*, vol. II: *A la sombra de las muchachas en flor*, C.S. Ediciones, Buenos Aires.

RAHNER, KARL
    1964: *Escritos de teología*, Taurus, Madrid.

RATZINGER, JOSEPH
    2004: «Por qué el cristianismo no es visto como fuente de alegría»: Roma, viernes 7 de mayo de 2004. *Zenit* (web). Consultado el 16 de agosto de 2017. Link: http://bit.ly/2wOCMTl

RICOEUR, PAUL
    1999: *Freud: una interpretación de la cultura*, Siglo XXI, México.
    2001: *Del texto a la acción. Ensayos de hermenéutica II*, Fondo de Cultura Económica de Argentina, Buenos Aires.

RIVAS, LUIS HERIBERTO
    2000: «Unidad y diversidad en la iglesia. Una perspectiva bíblica»: *Iglesia universal, iglesias particulares*, AA.VV., San Pablo, Buenos Aires.

SABATO, ERNESTO
2005: *La resistencia*, Cuarta edición, Booket, Buenos Aires.
2006: *Abaddón el exterminador*, Seix Barral, Buenos Aires.

SARLO, BEATRIZ
1988: *Una modernidad periférica: Buenos Aires 1920 y 1930*, Nueva Visión, Buenos Aires.

SARTRE, JEAN-PAUL
1981: *El existencialismo es un humanismo*, Ediciones del 80, Buenos Aires.

SAZBÓN, JOSÉ
1990: *Saussure y los fundamentos de la lingüística*, CEAL, Buenos Aires.

SCHÜSSLER FIORENZA, ELISABETH
1996: *Pero ella dijo. Prácticas feministas de la interpretación bíblica*, Trotta, Madrid.

SEGUNDO, JUAN LUIS
1975: *Liberación de la teología*, Ediciones Carlos Lohlé, Buenos Aires.

SERRANO, SEBASTIÀ
1992: *La lingüística. Su historia y su desarrollo*, Montesinos, Barcelona.

SFEZ, LUCIEN
1995: *Crítica de la comunicación*, Amorrortu, Buenos Aires.

SHKLOVSKI, VLADIMIR
1970: *Teoría de la literatura de los formalistas rusos*, Siglo XXI, México.

SIK HONG, IN
2001: *¿Una iglesia posmoderna? En busca de un modelo de iglesia y misión en la era posmoderna*, Ediciones Kairós, Florida.

SIK HONG, IN; MOFFATT, EDGARDO; TOMASINI, DANIEL y BEDFORD, NANCY
2001: *Ética y religiosidad en tiempos posmodernos*, Ediciones Kairós, Florida.

SNYDER, HOWARD
2014: *La comunidad del Rey*, Ediciones Kairós, Florida.

SOSA, ELIZABETH
2009: «La otredad: una visión del pensamiento latinoamericano contemporáneo»: *Letras*, Vol. 51, N° 80, p. 349-372. ISSN 0459-1283.

STOTT, JOHN
   1975: *Las controversias de Jesús*, Ediciones Certeza, Buenos Aires.

SVAMPA, MARISTELLA
   2008: *Los que ganaron. La vida en los countries y barrios privados*, Editorial Biblos, Buenos Aires.

SZTAJNSZRAJBER, DARÍO
   2015: «La comunidad»: *Infonews* (web). Consultado el 5 de agosto de 2017. Link: http://bit.ly/2iXxUox

TAMAYO-ACOSTA, JUAN JOSÉ
   2003: *Nuevo paradigma teológico*, Editorial Trotta, S.A., Madrid.

TILLICH, PAUL
   1972: *Teología sistemática*, Ariel, Barcelona.

TOURNIER, MICHEL
   1994: *El viento paráclito*, Alfaguara, Madrid.

TOZER, AIDEN WILSON
   1977: *La búsqueda de Dios*, Editorial CLC, Bogotá.

UNAMUNO, MIGUEL DE
   1964: *Del sentimiento trágico de la vida*, Editorial Losada, Buenos Aires.

VAN DEN HEUVEL, ALBERT
   1970: *La humillación de la iglesia*, Ediciones Marova, Madrid.

VARCELLESE, MICHELE y BIANCHI, CLAUDIA (curadores)
   1996: *Filosofia*, Antonio Vallardi Editore, Milano.

VATTIMO, GIANNI
   1989: *La sociedad transparente*, Paidós, Milán.

VELASCO, RUFINO
   1992: *La iglesia de Jesús. Proceso histórico de la conciencia eclesial*, Editorial Verbo Divino, Estella.

VERDUGO, ÍBER
   1994: *Estrategias del discurso*, Universidad Nacional de Córdoba, Córdoba.

VERÓN, ELISEO
   1995: *Semiosis de lo ideológico y del poder. La mediatización*, Oficina de publicación del C. B. C., Buenos Aires.

WALSH, CATHERINE; GARCÍA LINERA, ÁLVARO y MIGNOLO, WALTER
   2006: *Interculturalidad, descolonización del estado y del conocimiento*, Del Signo, Buenos Aires.

WEBER, MAX
   2003: *La ética protestante y el espíritu del capitalismo*, Fondo de Cultura Económica, Buenos Aires.

WHITE, HAYDEN
   2010: *Ficción histórica, historia ficcional y realidad histórica*, Prometeo Libros, Buenos Aires.

YANCEY, PHILIP
   1996: *El Jesús que nunca conocí*, Editorial Vida, Miami.
   1998: *Gracia divina vs. Condena humana*, Editorial Vida, Miami.
   2000: *¿Desilusionado con Dios?*, Editorial Unilit, Miami.
   2003: *Sobreviviente. A pesar de todo mi fe sobrevive*, Editorial Unilit, Miami.
   2005: *Rumores de otro mundo. ¿Qué nos estamos perdiendo en la tierra?*, Editorial Vida, Miami.

DISFRUTA GRATUITAMENTE
LO ÚLTIMO EN MÚSICA DE LUCAS MAGNIN

ESCANEA EL CÓDIGO QR
Y ACCEDE A LA DISCOGRAFÍA

www.lucasmagnin.bandcamp.com

www.ingramcontent.com/pod-product-compliance
Lightning Source LLC
Chambersburg PA
CBHW060518100426
42743CB00009B/1360